Peter Philipp

Im Strome der Zeit

dramatische Dichtung in fünf Akten

Peter Philipp

Im Strome der Zeit
dramatische Dichtung in fünf Akten

ISBN/EAN: 9783743480155

Hergestellt in Europa, USA, Kanada, Australien, Japan

Cover: Foto ©ninafisch / pixelio.de

Weitere Bücher finden Sie auf **www.hansebooks.com**

Im Strome der Zeit.

Dramatische Dichtung in fünf Acten

von

Peter Philipp.

Wien, 1881.
Verlag von L. Rosner.

Tuchlauben 22.

(Den Bühnen gegenüber Manuscript.)

Der Verfasser behält sich und seinen Erben alle ihm gesetzlich zustehenden Rechte vor.

Personen:

Graf Adlerberg, Minister.
Wilhelm Wallner, Professor.
Otto von Nordau, Staatsbeamter, später Minister.
Hermann Kraft, Journalist.
Fritz Heller, verbummelter Student.
Frau von Röden, Witwe, Adlerberg's Schwester.
Bertha, ihre Tochter, später von Nordau's Gattin.
Anna, Gärtnerstochter, im Hause der Frau von Röden, Kraft's Schwester.
Ein General.
Ein Polizeibeamter.
Erster Bedienter } bei Nordau.
Zweiter Bedienter

Staatsbeamte, Militärs, Gesellschaftsdamen und Herren, Polizeiwachen, eine Volksdeputation, Diener, bewaffnetes Volk ꝛc.

Ort der Handlung: Eine große Stadt.

Erster Act.

(Ein Garten bei Frau von Röden's Hause. Im Vordergrunde rechts in einem nischenartigen Gebüsch auf einem Postamente eine Venusstatue aus Stein; daneben eine Ruhebank. Das Wohngebäude im Hintergrunde ist zum Theile durch Bäume verdeckt. Heiterer Frühlingsabend. Mehrere Herren und Damen kommen von links lustwandelnd über die Bühne und wenden sich dann dem Hause zu. Nach ihnen erscheinen Wilhelm Wallner und Bertha von Röden Arm in Arm.)

Bertha.
Es dunkelt; die Gesellschaft hat den Garten
Verlassen. Man wird uns vermissen.

Wilhelm Wallner.
         Nur
Noch einen Augenblick verweilen wir!
Dies traute Plätzchen zieht mich immer an.
Ein süßer Zauber webt im Dämmerschein
Um diesen Ort.

Bertha (schalkhaft spöttisch).
     Sie seh'n doch immer mehr
Als and're Menschenkinder. Warum fühlte
Denn ich noch niemals solchen Zauber hier?

Wallner.
Berührt Sie nicht der milde Frühlingshauch
Und diese traulich stille Einsamkeit?
Verdoppelt sich doch jede Herzensregung
In dieser wunderbaren Zeit des Lenzes!

Bertha.
Es macht der Frühling mich besorgt um Sie.

Wallner (auf die Statue deutend).

Dies Bild aus Stein, bei Tageslicht betrachtet,
Ein mattes Ahnen ist's, ein Schatten kaum
Vom Urbild, von der Wellenschaumgebornen;
Doch jetzt, o seh'n Sie, wie es sich belebt!
Vom Silberlicht des Mondes übergossen,
Von leis bewegtem Laubwerk eingerahmt,
Und überdacht vom dunklen Sternenhimmel,
Jetzt ist es schön und ein geheimes Leben
Scheint alle seine Glieder zu durchzittern.

Bertha.

Sie machen mir nur bange. Sagen Sie,
Sind Sie des Abends immer so gestimmt?

Wallner.

Mit kühlem Spotte stets umhegen Sie
Das Heiligthum des weiblichen Empfindens.
Sie sprachen heute noch kein warmes Wort.
Des Lenzes mildes Wehen, diese stille
Und abendliche Einsamkeit, sie wären
Von minderer Gewalt auf Ihr Gemüth
Als auf dies kalte Steinbild?

Bertha.

                      Soll auch ich
Gleich diesem Bild das Licht des Tages scheuen?
Die Nacht, die Einsamkeit behagt mir nicht;
Mich freut der Tag nur und das laute Leben.

Wallner.

Der Tag! Das Leben! Wer so glücklich ist
Auf eb'nen, schönen Wegen hinzuwandeln,
Der mag den Tag, der mag die Sonne preisen.
Doch wer im ernsten, rauhen Kampf um's Sein
Den Tag vollbringt, der harrt mit Sehnsucht oft
Des Augenblickes, wann die Sonne sinkt.

Bertha.
Ihr Leben, Herr Professor, ist wohl kein
So schwerer Kampf?

Wallner.
    Man lebt und kämpft nicht bloß
Um seinetwillen.

Bertha.
   Wie? So wär's doch wahr?
Sie suchen selbst den Kampf, statt ihn zu meiden?

Wallner.
Wie soll ich diesen Vorwurf deuten, Fräulein?

Bertha.
Es war ein unbedachtes Wort, verzeihen Sie!
Ich hab' kein Recht —

Wallner.
    O nicht in diesem Tone!
Verhehlen Sie mir nichts, ich bitte Sie!

Bertha.
Man spricht in der Gesellschaft mancherlei
Von Ihnen, doch ich glaube nicht daran.

Wallner.
O Fräulein Bertha! Wenn ein Mund es je
Gewagt, mit argen Worten Ihr Vertrauen
Und Ihre — Freundschaft mir zu rauben, dann —
Dann dürfen Sie nicht schweigen.

Bertha.
    Nein! Das war's nicht.
Man sprach von garstigen, politischen Dingen,
Wovon ich nichts versteh'.

Wallner.
   Politische Dinge?
Erzählen Sie mir doch!

Bertha.
              Nun, ich will
Es Ihnen sagen; — doch es ist wohl unrecht,
Daß ich in das, was Sie im Leben treiben,
Mich unberufen menge?

Wallner.
                    Nein! Ihr Antheil
Erfreut mich innig.

Bertha.
                    Nun so hören Sie!
Man sagt, es wären unruhvolle Zeiten;
Die Obrigkeiten fänden nicht Gehorsam,
Denn böse Menschen stochelten das Volk
Zum Widerstande, zur Empörung auf.

              Wallner (scherzhaft).
So sagt man?

Bertha.
      Ach, Sie lachen!

Wallner.
                    Nein! Ich bitte,
Erzählen Sie doch weiter!

Bertha.
              Nun, man spricht,
Die rohe Menge drohe beutegierig
Den Reichen und Besitzenden. Man wolle
Die Güter all' vertheilen, Jedermann
Zu harter Arbeit zwingen, Kunst und Bildung
Mit roher Faust vernichten; Gott und Glauben,
Sie sollen nicht mehr gelten, selbst die Ehe —

              Wallner (scherzhaft).
O Gräuel!

Bertha.
      Und darüber lachen Sie?
Das wär' doch schrecklich! Sagen Sie, ist's wahr?

Wallner.
Und wenn es wahr, — was bringt denn mich mit all'
Den Schreckensdingen in Verbindung?

Bertha. Wie?
So wär's nicht wahr, was man von Ihnen spricht,
Daß Sie ein Führer seien jener Leute?
Sie schrieben Bücher, hielten Reden, um
Die Menge aufzuklären, aufzuwiegeln?
Ist's wahr? O sprechen Sie doch, Herr Professor!

Wallner (scherzhaft).
Jetzt wird mir wahrlich vor mir selber bange.

Bertha.
Das ist nicht recht! Sie spotten meiner nur
Und würdigen mich keiner ernsten Antwort.

Wallner.
Nicht jetzt davon! Vom Staub des Lebens rein
Genießen wir der Seele Feierstunde.
Wie? Hätten wir uns gar nichts sonst zu sagen?

Bertha.
Wohl, Eines noch! Doch nehmen Sie es ernstlich!
Sie wissen, nicht nach freiem Seelentrieb
Allein darf ich mein Thun und Lassen regeln;
Ich steh' im Banne der Gesellschaft, sie
Legt Pflichten mir und Opfer auf. Verhielt' sich's
Nun ernstlich so mit Ihnen, wie ich's eben
Mit ungelehrten Worten sagte, dann
Erstünde, wie ich fürchte, zwischen uns
Bald eine Scheidewand —

Wallner (betroffen).
Das also ist es!
Nun seh' ich klar und tief, fast abgrundtief.
Ich will nicht fragen, wer das finst're Zerrbild

Von meines Geistes Strebungen gezeichnet.
Ein and'res Bild, mit unentstellten Zügen
Soll sich vor Ihnen bald entrollen. Was
Sie mir zum Vorwurf machen, ist mein Stolz!
Denn niedrig ist, wer nur sein Leben lebt,
Wer Herz und Sinn aus dem unsel'gen Banne
Des eig'nen Wollens nicht erheben kann
Zur reinen Mitempfindung fremden Lebens.
Ich hab' mein Herz der weiten Welt geöffnet
Und ihren Zielen meine Kraft geweiht,
Nicht zur Zerstörung, nein, zum neuen Aufbau
Der morsch geword'nen Ordnung uns'res Lebens

Bertha.

Das klingt wohl schön und sicherlich liegt auch
Ein hoher, schöner Sinn darin, mag ich's
Auch nicht so ganz versteh'n; doch scheint mir, wer
Für Alle sein will, bleibt leicht selbst allein.

Wallner.

Sehr wahr! Und nur ein Gott genügt sich selbst,
Weil er die Welt umfaßt, doch nicht der Mensch;
Er will ein Nahes, Nächstes stets umklammern.
O theures Fräulein!

Bertha.
    Nun?

Wallner.
       Für Sie war stets
Ein off'nes Buch mein Herz.

Bertha.
       Ich las zuweilen
Recht gern darin.

Wallner.
    Doch Sie verschließen mir
Ihr eig'nes stets.

Bertha.
    Ist nicht so interessant.

Wallner.

Nein, diesmal sollen Sie mit kühlem Scherz
Mir nicht entschlüpfen. Holder Augenblick!
Verrinne nicht! O lächle mir in Gunst!
Die schöne Hoffnung, die ich lange sorglich
In meiner Seele hegte, wuchs heran
Und ist nun groß geworden, steht vor Ihnen
Und bittet um die endliche Erfüllung.

Bertha.

Ich weiß nicht, was Sie meinen, Herr Professor.

Wallner.

Der hold verhüllten Knospe trat ich scheu
Und zaghaft stets entgegen; nach der Rose,
Der vollerblühten, strecke ich die Arme
Verlangend aus, da sie mir freundlich winkt.
Um uns ist Nacht und Stille. Gleich der Blume
In fernen Landen, die ihr Angesicht
Der Sonne scheu verbirgt und nur den Sternen
Ihr keusches Blüthenherz erschließet, mögen
Auch Sie im Schleier dieser Dämmerung
Der Seele Grund enthüllen. Liebe bot ich,
Doch ob ich Liebe finde, weiß ich nicht.

Bertha (etwas verlegen).

Die Frage — doch, was wollt' ich sagen, ja,
Die Frage — Wilhelm, Sie sind sonderbar!
Sie lesen in den Blumen, in den Sternen,
Und in den Augen könnten Sie nicht lesen?

Wallner.

O dürfte ich den schönen Augen trauen!
Doch ihnen widersprach noch stets der Mund.

Bertha.

Er folgt nicht immer dem Gebot des Herzens.

Wallner.
Und dies Gebot —

Bertha (zärtlich).
Ist ein Gebot — der Liebe.

Wallner (Bertha umarmend).
Erlösend Wort! Mit diesem Kusse hefte
Ich ewig dich an diese spröden Lippen.

Bertha (zärtlich abwehrend).
Sie Ungestümer! Aber! Wilhelm! Gott!
Wenn man uns sähe!

Wallner.
Was besorgen Sie?
Bald sind Sie mein vor aller Welt.

Bertha.
Man kommt!
Ich höre Schritte.

Die Stimme der Frau von Röden (hinter der Bühne).
Bertha!

Bertha.
Kommen Sie!

(Frau von Röden tritt auf.)

Frau von Röden.
Da bist du noch, mein Kind? Du wirst vermißt
Von der Gesellschaft, auch der Herr Professor.

Wallner.
Mein ist die Schuld, ich bitte um Vergebung.

Bertha.
Der Herr Professor schilderte so schön
Mir ein Kapitel aus der Weltgeschichte.

Frau von Röden.
So, schön! Die Abende sind doch noch kühl.

Bertha.
Wir gehen, Mutter.

Frau von Röden.
Man erwartet uns.
Sie bleiben wohl noch, Herr Professor?

Wallner.
Leider
Muß ich für heute Abschied nehmen. Man
Erwartet mich in einer Clubversammlung.

(Alle ab.)

Anna (noch unsichtbar, mit gedämpfter Stimme singend, nähert sich allmälig).

Es welket so manche Blume
Vergessen und einsam in's Grab.
Ach, dürft' ich nur einmal ihm sagen,
Wie lieb ich vom Herzen ihn hab'.

Es schauen viel tausend Sterne
Herab aus der Himmelshöh';
Doch wenn ich auch stürbe, es kündet
Ihm keiner mein Liebesweh.

(Anna ist inzwischen in den Vordergrund getreten und erblickt ein auf der Bank liegendes Buch.)

Anna (das Buch aufhebend).

Es ist von ihm, gewiß, er weilte hier.
Noch ist er nah', ich will's ihm wieder bringen,
Ich selbst, doch nein, vielleicht wär's ihm nicht lieb. —
Er ging an mir vorbei so fremd und kalt,
Hat keinen Gruß, kaum einen Blick für mich.
Was bin ich ihm? Die arme Gärtnerstochter! —

Er mag mich nimmer kennen, denkt nicht mehr
Des armen Kindes, dem er einst so herzlich
Gewogen war. Ach sel'ge Kindeszeit!
Wie oft und gerne weilten damals wir
Beisammen, saßen traulich Hand in Hand
Und blickten uns so freundlich in die Augen.
Und all' die Märchen, die mir Vater, Mutter
Dereinst erzählt, mußt' ich ihm wieder sagen.
Wie traurig war ich immer, wenn er ging,
Wie freudig, wenn er kam! O Zeit, so selig,
Daß meine Niedrigkeit ich nie empfand!

(Sie setzt sich auf die Bank und neigt das Haupt auf die Lehne.
Wallner tritt raschen Schrittes auf und bleibt vor Anna stehen, die bei
seinem Anblick erschrocken zusammenfährt.)

Wallner.

Sie sind es, Aennchen? Schreckte Sie mein Kommen?
Einsame Nachtigall, Ihr Klagelied
Erklang so süß und lockte mich vom Wege.
Was ist mit Ihnen? Warum so betrübt?

(Anna erhebt sich und blickt befangen zu Boden.)

Anna.

Ach nein, es ist nichts. Dieses Buch, ich fand es —

Wallner.

O senken Sie das Köpfchen nicht! Sie zittern,
In Ihren Augen leuchten Thränen. — Was
Hat man dem lieben Aennchen denn gethan?

Anna.

Nichts, gar nichts. Ich weiß selbst nicht, was mir fehlet.

Wallner.

Ein Leid, das zum Vertrauten den Gesang
Sich auserwählt, ist kein gemeines Leid.
Die Thräne, die sich mit dem Liede paart,
Ist eine Perle, die ein edles Herz
Aus wunder Tiefe an die Sonne sendet.

Sie drückt ein Leid. O sprechen Sie, vertrauen
Sie mir, wie einst, dem Freunde Ihrer Jugend!
Was ist mit Ihnen, Ännchen? — Thränen nur
Sind Ihre Antwort? Nun denn, gute Nacht!
Verzeihen Sie dem Störer!

Anna.

Gute Nacht!

Wallner (im Abgehen sich umwendend, wie für sich).
Armes Kind!

(Ab.)

Anna (allein).

Ja ich bin arm!
Er hat kein and'res Wort in seinem Herzen
Für mich, als armes Kind. Mag auch mein Herz
Ihn lieben wie kein and'res auf der Welt,
Doch ich bin arm und darf die Blicke nicht
Zu ihm erheben. Ist das Herz auch reich,
So heißt doch arm sein stets, verachtet sein!
Verachtet, und von ihm, o das ist hart!

(Sie läßt sich mit leidenschaftlicher Geberde vor der Venusstatue
nieder.)

Ich hab' zu Gott gebetet, doch vergeblich.
Du Bild aus Stein, erbarme du dich meiner!
Man sagt, du sei'st der Liebe Göttin, schützest
Die Liebenden. Erbarme du dich meiner!
O zieh' den Stachel aus der wunden Brust!
Daß ich ihn liebe, darf ich nicht bekennen,
Und ihn vergessen, ach, wie soll ich das?
O zieh' den Stachel aus der wunden Brust!
Du lächelst, Göttin! O erhöre mich!

Verwandlung.

(Wilhelm Wallner's Wohnung. Einfach ausgestattetes Gemach; an den Wänden Bücherschränke. Die Fenster im Hintergrunde gehen auf einen freien Platz der Stadt. Wilhelm Wallner, Otto von Nordau, Hermann Kraft und Fritz Heller sitzen um einen Tisch in der Mitte des Zimmers, Wallner und Nordau rechts und links einander gegenüber, die beiden Anderen im Hintergrunde. Weinflaschen und Gläser stehen auf dem Tische.)

Fritz Heller.

Trinkt, Brüder! Keine saueren Gesichter
Bei süßem Weine! Füllt die Gläser an!
Mir war seit langem nicht so wohl wie heut'.
Ihr seid in Amt und Würden schon, nur mir
Allein gelang es noch nicht meine Weisheit
Nutzbringend anzulegen. Doch was thut's?
Dafür bin ich ein freier Mann, wenn auch
Ein armer Teufel nebenbei. Der Bund
Aus uns'rer fröhlichen Studentenzeit
Hält fest und treu. Ist das nicht rührend, Freunde?
Und nun ein Lied, ein schönes, altes Lied!
Ein heilig' Lied! Die Elegie am Grabe
Der Burschenherrlichkeit. Ich stimme an,
Ihr aber brummet mit! Solo mit Brummchor!

(Er singt die folgenden Verse nach der bekannten Melodie. Die Freunde brummen leise mit.)

O alte Burschenherrlichkeit,
  Wohin bist du entschwunden?
Nie kehrst du wieder, gold'ne Zeit,
  So frei und ungebunden!

(Er hustet.)

Es geht nicht recht. Mein Schlund ist etwas rauh.
Ex!

Wallner, Otto von Nordau und Hermann Kraft (mit Fritz anstoßend).
Prosit! Prosit Fritz! Sollst leben!

Fritz.
Prost!
Euch Allen! (Zu Wallner.) Dir ein specielles, Wilhelm!
Ein Prosit deiner Braut!

Nordau.
Was? Braut? Wen meinst du?

Fritz.
Du weißt noch nicht? — Die langumschwärmte Flamme,
Die schöne, stolze Bertha führt er heim.

Nordau (mit erzwungener Gleichgiltigkeit).
So, so! Ich gratulire!

Fritz.
Hast du nicht
Vor Jahren auch für sie geschwärmt? Ja, ja!
Nimm dich in Acht, Freund Wilhelm! Leichtlich geht
Er dir noch in's Gehege.

Nordau (zu Fritz).
Fasle nicht!

Wallner (gutmüthig zu Fritz).
Der alte Schwätzer noch!

Fritz.
Ich bin dahier
Der Sauerteig, ihr seid die träge Masse,
Die nicht mehr gähren will. Seid munter! Trinket!
Du rührst dich gar nicht, Hermann, ernster Schweiger!
Du brütest über einem Leitartikel?
Laß' du die Welt doch gehen, wie sie mag!
Die Undankbare sperrt dich doch nur ein
Für deine schönen Weltverbess'rungspläne.

Hermann Kraft.
Das Leben ist ein Kerker hie und dort.
Sperrt man mich ein, so kommen And're nach.
Die Menschheit läßt sich doch nicht consisciren.

Fritz.
Sag, nimmt's nicht bald ein End' mit den Krawallen?
Mein Schneider klagte heut' mir händeringend,
Er könne den besproch'nen Anzug mir
Zur vorbestimmten Zeit nicht liefern, denn
Gehilf' und Lehrjung' wären beim Krawall.

Hermann.
Wir sind beim Anfang erst, doch die Entscheidung
Ist nicht mehr ferne. Wie ein Pulverfaß,
Von gier'ger Glut umleckt, ist uns're Zeit,
Und zwischen heut' und morgen kann ein Krach
Uns in die Lüfte schleudern.

Fritz.
Glück zur Reise!
Ich fahr' bequem, ich führe kein Gepäck.

Wallner (sich erhebend, gegen Otto gewendet, feierlich).
Der ernsten Zeit laßt uns mit ernstem Sinne
Begegnen. Wir begrüßen dich, Freund Nordau,
Den Langentbehrten, nun nach Jahren wieder
In uns'rer Mitte. Könnten wir dies Fest
Des freudigen Wiederseh'ns wohl schöner feiern,
Als durch Erneuerung des Freundschaftsbund's,
Der uns als Jünglinge so fest vereint?

Fritz.
Pros't Wilhelm!

Hermann.
Prosit!

Wallner.
Wohl verwies das Leben
Uns auf verschied'ne Bahnen, doch sie alle

Verfolgen nur ein einziges großes Ziel.
Dein Lebensweg führt aufwärts zu den Höhen,
Wo man der Völker Schicksal lenkt. — Du warst
Dereinst der geistige Führer uns'res Bundes.
Der Geist, der deine Jugendbrust durchglühte,
Mög' dich auf jenen Höhen nie verlassen;
Er walte fort in uns'rem Männerkreise!
Die Freiheit, die des Geistes Fessel bricht
Und aus dem Bann des Niedrigen, Gemeinen
Zu stolzem Aetherfluge ihn beschwingt;
Der Haß gen jene Lügengötter, die
In gold'nen Hallen an den Gütern der
Enterbten Menschheit unersättlich zehren;
Die Menschenliebe, die als Retterin
Hinab in's dunkle, bodenlose Reich
Des Menschenelends leuchtend niedersteigt
Und mit des edlen Nazareners Worten
Die Kunde der Erlösung bringt: Ihr Alle,
Die ihr mühselig und beladen seid,
O kommt zu mir, auf daß ich euch erquicke:
Sei'n uns'res Banners leuchtende Devisen.
In diesem Geist erneuern wir den Bund!
In diesem Geiste sei der Uns're wieder!
In diesem Geiste bring' ich dir dies Glas!

   Fritz und **Hermann** (mit Wallner anstoßend).
Vivat et floreat! Wacker, Wilhelm! Prosit!

Fritz (zu Otto, der ohne mit den Freunden anzustoßen schweigsam dasitzt).
Dir galt der Spruch! Stoß' an mit uns!

    Wallner.
          Was soll
Dein schweigsames Gebaren, Freund?

    Nordau (kühl und ruhig).
          Ich bin
In alter, treuer Freundschaft euch verbunden;
Doch wenn wir uns, wie sonst, in froher Weise

Zusammenfinden, laßt, ich bitte euch,
Die leidigen Fragen uns'rer schwülen Zeit
Dann aus dem Spiel.

Wallner.

Sprichst du im Ernst?

Nordau.
         Gewiß!

Wallner.

Hast du nicht mehr den Muth der Ueberzeugung?
Nein! Das ist's nimmer! Oder fühlst du dich
Nicht gleichen Sinnes mehr mit uns, wie einst?

Nordau.

Das Leben wies uns auf verschied'ne Bahnen.

Wallner.

Sie trennen nicht die geistige Gemeinschaft.

Nordau.

Auch uns're Geistesrichtung wird vom Schicksal
Bestimmt, das über uns'rem Leben waltet.

Wallner.

Das Freundschaftsband, das uns bisher verknüpft,
Willst du's zerschneiden?

Nordau.
      Uns're Freundschaft wird
Die Träumerei'n der Jugend überdauern;
So hoffe ich.

Wallner.
     Wie? Träumerei'n der Jugend
Nennst du den großen, mächtigen Zug der Zeit?
Die Jugend lebt der Zukunft. Was der Menschheit
Erles'ne Geister ahnend vorverkündet,
Der Jugend Drang bewährt's zuerst.

Nordau.
       Ich sage
Mich los vom Jüngling, seit ich Mann geworden.

Wallner.
Des Volkes Elend ist kein Jugendwahn.

Nordau.
Ein Kinderwahn ist's, aller Menschen Glück
Von einer bess'ren Zukunft zu erhoffen.

Wallner.
Ein Paradies wird auf der rauhen Erde
Der Menschheit nie erblüh'n, doch nach dem Bess'ren
Wird stets sie streben und nicht stille steh'n.
Gewalt und List, dies arge Schlangenpaar,
Umklammert noch der Menschheit wunde Glieder,
Und finst'rer Unverstand umnachtet noch
Die Elenden, daß sie ihr eig'nes Heil
Verkennen. Ist der Haß gen diese Feinde
Des Menschenwohles, ist der edle Muth
Sie zu bekämpfen, gänzlich dir erstorben?

Nordau.
Ein Thor ist, wer im Kummer um das Los
Der Menschheit seines eigenen vergißt.
Der Edle sei sich selbst genug.

Wallner.
      Für sich
Allein zu sorgen ziemt gemeinen Seelen.

Nordau (höhnisch).
Ich kenne sie, die edlen Freiheitshelden!
Ich sah hinein in ihr Getriebe, fand
Nur Maskenscherz. — Aus Freiheitslarven guckt
Hier Eitelkeit, dort Selbstsucht, Lüge, Täuschung,
Nur hie und da ein Thor, der's ehrlich meint.

Und wenn des Volk's gepries'ne Helden sich
Allein und unbelauscht zusammenfinden,
Dann lachen sie sich an verständnißinnig
Und zählen ihre Beute.
(Wallner und Hermann erheben sich mit unmuthiger Bewegung. Fritz
versucht sie zu beschwichtigen.)

Hermann (zu Nordau.)
Mäßige dich!

Wallner (zu Nordau).
Freund! Ich erkenne dich nicht mehr!

Fritz.
Ereifert
Euch nicht um Meinungen. Die eig'ne Meinung
Mag jeder hegen wie sein eigen Liebchen,
Denn Lieb' und Meinung sind gleich wandelbar.
Ein and'res Thema, Freunde! Hab' ich euch
Schon die Geschichte von der jungen Witwe
Erzählt, die neulich —

Hermann.
Fritz, ich bitte dich,
Erzähl' ein ander Mal uns die Geschichte.
(Zu Nordau.) In vino veritas! Heut' bist du offen,
Was du mir immer schienst. Wir werden künftig
Uns gar nicht oder feindlich nur begegnen.

Nordau (höhnisch und kalt).
Dann geht ein stiller Wunsch mir in Erfüllung.
(Fritz ist indessen an das Fenster im Hintergrunde getreten.)

Fritz (auf den Platz deutend).
Was geht da vor? Es sammelt sich das Volk
Dort auf dem Platze. Seht!

Nordau (im Begriffe sich zu entfernen).
Ich will nicht länger
Den schönen Dreiklang stören. Lebet wohl!

Wallner (ihn zurückhaltend).

Was thust du, Freund? Halt' ein, zerstöre nicht
Das theuere Vermächtniß unserer Jugend!
Du weißt — ich sag' es offen vor euch Allen —
Daß Keinem je mehr Freund ich war als dir.
Doch nicht der Jugend flüchtige Ziele bloß
Verbanden uns, dein hoher Sinn vor Allem
Zog mich zu dir. Was ich nur halb gedacht
Und unbestimmt gefühlt, du sprachst es aus;
Du gabst dem dunklen Drange stets Gestalt
Und Namen, vor dem Lichte deines Geistes
Enthüllten sich der Menschheit hohe Ziele;
Nach ihnen schauend, weihten wir gemeinsam
Uns ihrem Dienste; treulich wollten wir
Zusammenstehen in den Reih'n der Kämpfer
Des Geistes und der Menschheit! Sag', dies Alles
Gilt dir nun nichts mehr? Freunde? Jugend? Nichts?
Du wirfst es hin? Wofür?

Nordau.

Freund und Professor!
Traumwandle doch nicht immer auf den Gipfeln
Der Menschheit! Wache auf und sieh' um dich,
Daß du nicht jählings in den Abgrund stürzest!
Ich kann auf deinen Wegen dir nicht folgen.
Du dauerst mich. Leb' wohl!

(Geht ab.)

Hermann (ihm nachrufend).

Geh' hin und werde
Minister!

Fritz (vor dem Fenster im Mittelgrunde).

Alle Welt wird toll! Es findet
Der stillste Zecher keinen Frieden mehr.
Tumult auf allen Seiten. Seht, welch' Aufruhr!

(Der Volkstumult auf dem Platze wächst und nähert sich. Fritz öffnet
das Fenster; Walter und Hermann treten hinzu.)

Hermann.
Hört ihr es brausen? Komm hinab! Das kündet
Des Volkes Auferstehungstag.

Fritz.
Man deutet
Auf uns herauf.
(Zu Wallner.)
Man winkt, man ruft dir zu.

Hermann (zu Wallner).
Hörst du? Dein Name schallt aus tausend Kehlen.

Wallner (betroffen).
Was soll das? Was für Anlaß treibt die Menge
Hieher? Was soll ich ihnen?

Hermann.
Wie? Du fragst noch?
Das Volk will Thaten seh'n von seinen Führern.
Die Schlacht im Parlamente haben seine
Vertreter heut' verloren, darum nimmt
Es seine Sache selbst nun in die Hand.

Wallner.
Mit geistigen Waffen nur und nicht mit roher
Gewalt verfechte ich des Volkes Sache.

Hermann.
Wo Macht, da Recht. Mit halber Seele nur
Willst du der großen Sache dienen? Sie
Verlangt den ganzen Mann! Auf denn! Erfasse
Die Zügel rasch! Hörst du, man ruft dir zu!

Fritz.
Es kommen Abgesandte, wie es scheint,
Herauf.

Wallner.

Unzeitiges, thörichtes Beginnen!
D'raus wird kein Heil uns. Kommt! Ich will's versuchen
Die wilde Fluth zu stillen.

Hermann.

Sie ist stärker,
Mein Freund, als wir und wird uns brausend tragen.
(Wallner und Hermann gehen ab.)

Fritz (in weinseliger Laune ihnen nachrufend)
Wohin, ihr Freunde? Sagt, was habt ihr vor?
Soll ich mit euch? Sie gehen wirklich fort
Und lassen mich allein. Ich bleibe hier
Und trinke Lethe. O einst war es schöner!
O Narrenpossen! Eitle Narrenpossen!
Was schiert mich all' der wüste Weltenrummel?
Bin auf die Fortsetzung der Weltgeschichte
Fürwahr nicht neugierig.
(Man hört laute Rufe der Menge auf dem Platze.)
Lärmt tobt nur zu!
Schreit euch die Hälse wund! Ihr bessert's nicht!
Die Welt bleibt allezeit ein Narrenzwinger.
Lebt wohl! Ich geh' und suche anderswo
Ein stilles Plätzchen mir, um Mensch zu sein.
O jerum, jerum, jerum!
O quae mutatio rerum!
(Er geht, während der Lärm draußen noch anhält, singend ab.)

Der Vorhang fällt.

Zweiter Act.

Garten im Hause der Frau von Röden. Der Hintergrund der Bühne ist von der rückwärtigen Front des Hauses abgeschlossen; in der Mitte eine geräumige, überdachte Terrasse; auf derselben ein Tisch und mehrere Stühle. Im Vordergrunde Blumenbeete und niederes Gesträuch.

(Anna, mit einem Blumenstrauße in der Hand, tritt von links auf.)

Anna.

Nun freuen selbst die Blumen mich nicht mehr.
Wohin ich schaue, Alles blickt so düster
Mich an. Die Frühlingssonne selbst scheint nimmer
So freundlich mir in's Herz. Ich bin so müde.

(Sie steckt den Blumenstrauß in eine Vase auf dem Tische und läßt sich dann auf einem Stuhle nieder.)

Ach immer, immer muß ich sein gedenken;
Allüberall verfolgt die Sehnsucht mich
Nach ihm und er, — er achtet meiner kaum!

(Bertha tritt aus dem Hause auf die Terrasse. Anna will sich entfernen.)

Bertha.

Willkommen, Aennchen! Bitte, bleiben Sie!
Sie brachten Blumen. Ach, wie frisch und schön!
Ein lieblicher Verein von Frühlingskindern!
Ich danke. Ach, Sie blicken heute wieder
So ernst, so trübe! Was bedrückt Sie? Kann
Ich helfen, Aennchen?

Anna.

      Sie sind jederzeit
So gütig gegen mich! Ich danke herzlich.

Bertha.

Wir waren uns doch immer zugethan
Wie Freundinnen, von unserer Kindheit an.

Vertrauen Sie mir Ihren Kummer! Ist's
Vielleicht ein Herzeleid? Gesteh'n Sie 's nur!
Gewiß, dies liebliche Erröthen sagt es.
(Schalkhaft vertraulich.) Ja, Aennchen, unsere Zeit ist nun gekommen.

Anna.

Ich kann mich deß' nicht freuen, wollte lieber
Ein Kind noch sein.

Bertha.

Warum das, meine Liebe?

Anna.

Die Wünsche, die das Kinderherz gehegt,
Sie waren leicht erfüllbar oder bald
Vergessen.

Bertha.

Uns're heutigen Wünsche sind
Doch nicht so schwer erfüllbar? — Und gesteh'n
Wir's nur, lieb' Aennchen, — unter uns! Was ist
Des Mädchenherzens wärmster, höchster Wunsch?
Nun? — Sie erröthen wieder, das bestätigt,
Daß Sie es wissen, daß wir uns versteh'n.
Was täglich sich bei Anderen erfüllt,
Das kann doch nicht so schwer erreichbar sein.

Anna.

Ihr Sinn erfaßt so leicht und scherzhaft Alles;
Ich kann das nicht, denn mein Gemüth verknüpft
Damit das ganze künftige Lebensglück.

Bertha.

Ja, Ihre Lebenslage zwingt Sie freilich
Zu diesem Ernste. Mög' Sie's nicht betrüben,
Mein Aennchen, was ich sage: Arm und einsam,
Von Allem ausgeschlossen, was man so
Die große Welt und die Gesellschaft nennt,

Erblicken Sie das Heil der Zukunft nur
Im engen Bund mit einem Manne, dessen
Als Schützer und Ernährer Sie bedürfen.
Bei Mädchen meines Standes ist es anders.
Da dient die Ehe nicht dazu, um sich
Für's Leben zu versorgen, — nein, da ist sie
Mehr eine Sitte, ein nothwendiges Uebel.
Man altert, möcht' nicht immer „Fräulein" heißen,
Verlangt nach Namen, Rang und Stand, will gelten
In der Gesellschaft und ein Haus beherrschen;
Das bietet nun die Ehe. Doch man gibt
Dafür nicht gänzlich Herz und Freiheit hin;
Man unterhält, belustigt sich wie sonst;
Man sieht und wird gesehen und empfängt
Der Huldigungen mehr oft als zuvor. —

Anna.

Nein! Mir gefällt dies Bild der Ehe nicht.
Wo bleibt die Liebe, wo die Seligkeit,
Nach der das lieberfüllte Herz sich sehnte?

Bertha.

Ach, Liebe, Seligkeit! Mein Kind, das sind
Bloß Worte, nichts als Worte. Man muß noch
Sehr jung sein, um daran zu glauben.

Anna.
                       Wie?
Sie glauben nicht an Liebe?

Bertha.
                    Haben Sie
Im Traume nicht auch schon einen Schatz gefunden,
Und wähnten reich und glücklich sich, um dann
Betrübt mit leeren Händen zu erwachen?

Anna.

Und solch ein falscher Traum nur wär' die Liebe?

O nein! Das kann sie nimmer sein! O nehmen
Sie meinem Herzen nicht das Theuerste!
O lassen Sie mir meinen Wahn, der mich
So selig macht! Ihr Herz ist doch so gut
Und liebreich, — o verleumden Sie es nicht!
Was hat das Frauenherz denn Besseres
Als seine Liebe? — Nimmt man diese uns,
Was bleibt uns noch?

Bertha.

Mein liebes gutes Kind!
Sie sind erregt. O wie beneid' ich Sie
Um dieses Herz! Auch meines war einst so;
Ich trug's der Welt entgegen und verlor es.
Nun find' ich's nimmer wieder. Liebes Aennchen!
Ich hab sonst Niemanden, dem ich mein Herz
Vertrauensvoll erschließen könnt', als Sie.

Anna.

Doch — Ihre Mutter.

Bertha.

Meine Mutter? — Ach!
Doch hören Sie! Sie kennen Herrn von Nordau,
Der öfters unser Haus besucht?

Anna.

Doch nur
Von flüchtiger Begegnung.

Bertha.

Auch den Herrn
Professor Wallner kennen Sie?

Anna (verlegen).

Ja — wir — er ist
Ein Jugendfreund von meinem Bruder.

Bertha.

Ihr Gemüth ist unbefangen. — Sagen Sie
Mir ohne Scheu, wenn Sie zu wählen hätten,
Wen von den Beiden zögen Sie wohl vor?

Anna (verlegen).

Mein Gott! Sie scherzen, Fräulein! Wie käm' ich
Zu solcher Wahl?

Bertha.

Sie sind doch auch ein Mädchen.
Ich möchte gern Ihr Urtheil hören.

Anna.

Was veranlaßt Sie zu dieser Frage, Fräulein?

Bertha.

Die Beiden werben um mein Herz, doch dieses,
Bewegt von widerstreitenden Gefühlen,
Ist immer schwankend noch in seiner Wahl.

Anna.

Dann haben Sie's nicht ernst genug gefragt;
Es liebt entweder Einen oder Keinen.

Bertha.

Es scheinen Beide mir gleich liebenswerth,
Ob auch ihr Wesen sonst verschieden ist.

Anna.

Das ist mir räthselhaft.

Bertha.

Wir wollen uns
Die Prüfung leichter machen.
(Sie zieht aus einem Täschchen zwei Photographien hervor.)

Seh'n Sie hier
Die Bildnisse von Beiden. Nun vergleichen
Wir beide Köpfe, oder — ja — wir fragen
Beim Schicksal an, es soll uns Antwort geben.
Sie decken beide Bilder mit den Händen,
(Gibt ihr beide Photographien.)
Ich ziehe eines —

Anna.

O nicht solchen Scherz!
Des Herzens Wahl ist doch kein Würfelspiel.
(Bertha zieht mit abgewendetem Blicke ein Bild.)

Bertha.

Von Nordau! Seltsam! Soll es gelten? Stimmen
Sie bei dem Schicksalsspruche? Sagen Sie,
Von beiden Köpfen — welcher ist der schön're?

Anna.

Das weiß ich nicht — ich finde beide schön
In ihrer Art.

Bertha (auf eines der beiden Bilder zeigend).

Doch finden Sie nicht auch
Hier Nordau's Kopf von feinerem Schnitte?

Anna.

Feiner
Vielleicht — doch edler nicht.

Bertha.

Was edler! Seh'n
Sie doch sein Bild genauer an! Wie heiter
Und sicher ist sein Blick!

Anna.

Betrachten Sie
Dafür doch auf Professor Wallner's Bild
Den milden, seelenvollen Glanz der Augen!

Bertha.

Bah! Milden, seelenvollen Glanz! — Da seh'n Sie doch
Den schönen stolzen Mund, die edle Nase,
Aristokratisch fein geformt.

Anna.

Doch hier
Die schön gewölbte, hohe Denkerstirne,
Der eig'ne Ausdruck — der — ich kann's nicht sagen —

Bertha (halb unwillig).

Nein, das versteh'n Sie nicht, mein Kind.

Anna.

Ich seh' mir nie
Ein Menschenantlitz so in's Einzl'e an;
Ich schaue nur auf's Ganze.

Bertha.

Und im Ganzen
Gefällt Professor Wallner Ihnen besser?

Anna.

Ganz unvergleichlich!

Bertha.

Auch sein ew'ger Ernst?

Anna.

Erfüllt mit hoher Achtung mich.

Bertha.

Sie sind
Noch unerfahren. Achtung ist gar oft
Der Liebe Feind. Es ist dem Mädchenherzen
Nicht leicht, den ewig ernsten Mann zu lieben;
Der Heit're ist ihm immer liebenswürdig.
Der Ernste ist ein unnahbares Wesen,

Dem Buche gleich, das wir nicht lesen können,
Weil's in Gelehrtenschrift geschrieben; man
Besieht es wohl aus Neugier, legt es aber
Mit Achtung bald bei Seit'.

Anna.
Ihn trifft kein Tadel,
Wenn Unverständige seinen Werth verkennen.

Bertha (verletzt).
Sie geh'n zu weit. Ein Schwärmer ist er, ein
Phantast; nur Ihrer Unerfahrenheit
Erscheint er gar so hoch.

Anna (aufwallend).
O hätten Sie
Ihn je geliebt, Sie könnten nicht so sprechen.
O hätten seinen Werth Sie je erfaßt,
Kein Schwanken wäre mehr in Ihrem Herzen,
Es schlüge freudig stolz für ihn allein.

Bertha.
Was soll das? Ich versteh' Sie nicht.

Anna (in steigender, selbstvergessener Erregung).
O welch'
Ein seliges Empfinden muß das Weib
Durchglühen, das den Blick zu ihm erheben
Und sagen darf: Mein ist dies edle Herz!
Sein hoher Geist verschmäht mich nicht, er hebt
Mich liebevoll zu sich empor, er findet
Durch meine Liebe sich beglückt. O welch'
Ein seliger Gedanke!

Bertha.
Kind, Sie schwärmen!

Anna.
Ihr Herz verschmäht ein Glück, dem wonnezitternd
Das meine nur im Traum zu nahen wagt,
Und selbst dies Traumglück muß ich büßen, denn

Die Wirklichkeit macht mich dann doppelt arm
Und niedrig und — unglücklich — ach!

(Sie sinkt schluchzend vor Bertha, die ihr nahe gegenüber sitzt, in die
Kniee und will in ihrem Schooße ihr Antlitz bergen. Bertha erhebt sich stolz
und zornig. Anna verharrt knieend vor ihr mit gesenktem Haupte.)

Bertha.
      Ist's möglich?
Armseliges, anmaßendes Geschöpf!
Sie lieben ihn, Sie? O es ist zum Lachen!
Ich soll mit Ihnen in sein Herz mich theilen?
Die Herrin mit der Magd? Hochmüthige Thörin!
Und er, der sanfte Heuchler, hätte es
Gewagt, geheime Buhlschaft hier zu treiben?
Bei meinem Zorn! Gestehen Sie mir Alles!

Anna.
O häufen Sie auf mein unseliges Haupt
Nicht noch die Schmach unwürdigen Verdachtes!
O seien Sie nicht hart! Daß ich ihn liebe,
Was kann mein Herz dafür?

Bertha.
     Gestehen Sie!
Ist's ein geheimes Einverständniß? Hat
Er Sie bethört?

Anna.
   Nein! Er ist frei von Schuld.
Er achtet meines armen Daseins kaum,
Dem hellen Sterne gleich, der unbeirrt
Und achtlos weiter zieht am Himmelsbogen,
Ob auch ein armes Menschenkind durch Thränen
Der Sehnsucht und bewundernd zu ihm schaut.

Bertha (milder).
Wie konnte diese hoffnungslose Liebe
In Ihrem Herzen Wurzel fassen?

Anna.

Gott
Allein, der in's Verborg'ne blicket, weiß,
Was dieses Herz gelitten und gekämpft.
Aus Kindestagen, fröhlich, sonnig licht,
Enttrug in seliger Erinnerung
Sein Bild ich in die arme Gegenwart.
Dem Kinde war er mild und freundlich einst
Und mit dem Kinderherzen, unbeachtet,
Wuchs dessen Liebe, trost= und hoffnungslos.
Doch seit den Kindestagen schenkte er
Der armen Gärtnerstochter niemals mehr
Beachtung. — Scheu und ängstlich mied ich ihn,
Doch um so näher trat sein Bild dem Herzen.
Ich hab' zu Gott gebetet, hab' geweint
Durch manche Nacht und vor dem Gnadenbilde
Der Gottesmutter mein verlor'nes Sehnen
Als sündhaft und verwegen abgeschworen.
Doch, ach — vergeblich Alles.

Bertha (mit Theilnahme).

Und erfuhr
Er nie von Ihrer Liebe?

Anna.

Niemals hat
Und niemals soll ein Laut, ein Zeichen ihm
Die Regung des verirrten Herzens je
Verrathen. Spott, Verachtung — und von ihm!
Ach, das ertrüg' ich nimmer! D'rum gewähren
Sie mir die eine, einz'ge Bitte nur:
O sagen Sie ihm nichts von meiner Liebe!
Niemals! Ich flehe d'rum!

Bertha (freundlich besorgt).

Jedoch was soll
Aus all' dem werden?

Anna.

Wenn Sie die Verirrte
Vom Hause weisen, will ich schweigend geh'n.
Ach, meines Bleibens kann doch hier nicht sein!
Doch muß ich scheiden, sei es ohne Groll.
Verzeihung d'rum. Grausam genug muß ich
Den Irrthum des gequälten Herzens büßen.
Wie durfte auch das Herz der Bettlerin
Des eig'nen Unwerth's so vergessen! Ach!
Was bin ich ihm? Er liebt nur Sie! Entziehen
Sie ihm Ihr Herz nicht, dessen er so werth!
Und neidlos will ich dann von hinnen geh'n,
Des eig'nen Herzens schönen, flüchtigen Traum
In weiter Welt, entfernt von ihm, von Ihnen
In Armuth und in Niedrigkeit begraben.

(Bertha neigt sich gerührt zu Anna und schließt sie in ihre Arme.)

Bertha.

Mein liebes, engelgutes Kind! O steh'n
Sie auf! Ich war so hart mit Ihnen, Aennchen!
Verzeih'n Sie mir! O, stünd's in meiner Macht,
Mit einer Perle wollt' ich jede Thräne
Entgelten; auf dies liebe blonde Haupt
Setzt' ich als Zier die reichste, schönste Krone.
Ich will nicht, daß Sie scheiden, Aennchen! Nein!
Sie sollen immer, immer bei mir bleiben,
Mir Freundin, Schwester sein. An Ihrem Herzen
Will meines ich erheben. Seien Sie
Im Wirrsaal meines Lebens Mahnerin
Der Seele mir! — O könnt' ich sein wie Sie!

(Wallner erscheint, bleibt beim Anblicke der Beiden befremdet stehen und schickt sich an, sich wieder zu entfernen. Bertha läßt bei Wallner's Erscheinen Anna aus den Armen; diese will sich entfernen, Bertha hält sie an der Hand zurück.)

Wallner.

Ich störe —

Bertha.
Nein! Willkommen, Herr Professor!
Wallner.
Nur ungern, wahrlich, unterbreche ich
So innigen Verkehr.
Bertha.
Ach nein! Wir spielten
Bloß eine Scene des bekannten Stück's:
„Wir Mädchen unter uns." Sie kennen doch
Lieb' Aennchen hier?

(Wallner verneigt sich stumm vor Anna, die verlegen, mit zu Boden gesenktem Blicke vor ihm steht.)

Anna (halblaut zu Bertha, indem sie ihre Hand frei zu machen sucht).
Ach, lassen Sie mich, Fräulein!
Bertha (zu Wallner)
Sie ist so traurig stets.
Wallner (conventionell zu Bertha).
Ihr warmer Antheil
Zeugt für Ihr gutes Herz.
Bertha (Wallner scharf beobachtend).
O sagen Sie
Auch ihr ein freundlich' Wort!
Anna (halblaut und flehend).
O nicht, mein Fräulein!
Wallner (zu Bertha).
Sie scherzen wohl, das Fräulein wünscht es nicht.
Ein wichtiger Anlaß führt mich heut' zu Ihnen;
Ich bitte Sie deshalb um Ihr Gehör,
Auf wenige Augenblicke nur.

(Gegen Anna gewendet.)

Das Fräulein
Gestattet wohl —

Anna (die sich inzwischen losgemacht, mit einer verlegenen Verbeugung).
Ich bitte um Verzeihung!

Bertha (zu Anna).
Nun denn, auf Wiedersehen, liebes Aennchen!
(Anna geht ab.)
Das war nicht recht von Ihnen, Herr Professor.
Sie ist so gut, nur etwas ungeschickt. —
Nicht wahr?

Wallner.
Doch was hat all' das zu bedeuten?
Mir ist der ganze Vorgang räthselhaft.

Bertha.
Sie wüßten's nicht zu deuten? Nun, dann lassen
Wir das. Sie hatten Wichtiges mir zu sagen?

Wallner.
Ja, Fräulein Bertha. Von den eb'nen Bahnen
Des Lebens drängten feindliche Gewalten
Mich ab, von allen Seiten drohen mir
Verlust, Gefahr. Sollt' ich auch Sie verlieren?
Wär' auf das Menschenherz nicht mehr Verlaß
Als auf das falsche Glück?

Bertha.
Sie ängstigen mich.
Was ist denn vorgefallen, Herr Professor?

Wallner.
Das war ich, doch ich bin's nicht mehr —

Bertha.
Sie sind's
Nicht mehr?

Wallner.

Sie wüßten nichts? So friedlich sicher
Ist dieses Heim, daß von der Welt da draußen,
Mag sie, wie jetzt, in allen Fugen krachen,
Zu Ihnen keine Kunde bringt?

Bertha.

Was ist
Geschehen? Sprechen Sie!

Wallner.

Weil ich als Lehrer
Allein der Wahrheit diente, weil ich für
Verkannte Menschenrechte meine Stimme
Erhob, ward ich der herrschenden Gewalt
Ein Anstoß, den man zu entfernen wünschte.
Der Anlaß fand sich bald, da man ihn suchte.
Ein Volkstumult vor meiner Wohnung, mein
Bemüh'n, die Menge zu beschwichtigen,
Das willige Gehör, der laute Zuruf
Des Volkes — das genügte; nun verfolgt
Man mich als Hochverräther.

Bertha (auf einen Stuhl sinkend).

O mein Gott!

Wallner.

Beklagen Sie mich nicht, denn ehrenvoll
Ist dieser Kampf und muthigen Herzens will
Ich ihn besteh'n. Mag auch das Schicksal jetzt
Mit Dunkel mich umhüllen, in mir lebt
Die Zuversicht: Mein Stern wird wieder leuchten.

Bertha.

O, daß Sie meiner Warnung nicht gefolgt!
Nun sehen Sie, wie die gemeine Welt,
Der all' Ihr Streben gilt, an Ihnen handelt.

Wallner.

Mein Wohl gilt wenig in so großem Streit,
Und all' mein Thun vertret' ich ohne Reue.
Nicht dieses ist es, was mir Sorge macht.
Ich weiß, es trachten nun geschäftige Hände,
Gelenkt von Neid und Mißgunst, uns zu trennen.
Ich hatte einen Freund, — Sie kennen ihn
Sehr wohl —

Bertha.

Sie meinen Herrn von Nordau?

Wallner.

Ja.

Bertha.

Sie kränken mich!

Wallner.

Das wollt' ich nicht.

Bertha.

Indeß
Sie wissen, wie die Welt, die mich umgibt,
Mit ihren Fesseln meinen Willen bindet.
D'rum was Sie auch gethan, ich weiß es nicht,
Doch suchen Sie es ungescheh'n zu machen,
Bevor's zu spät ist, ich beschwöre Sie!
Sonst trennen Sie Ihr Schicksal von dem meinen.

Wallner.

Auch Sie, Unmögliches verlangend, sagen
Sich los von mir?

Bertha.

Nicht ich, Sie thun es selbst!
Sie opfern sich, Ihr Herz, Ihr ganzes Wohl
Dem rohen Götzenbilde Welt. O halten
Sie inne auf der unheilvollen Bahn!
Wenn ich nicht glauben soll, daß Ihrem Herzen

Der wüste Lärm des Lebens näher steht
Als ich, wenn Sie so wenig wie ich selbst
Es wünschen, daß wir scheiden, o dann machen
Sie's ungescheh'n, was Sie gethan!

Wallner.
Ich weiß
Mir Ihr Verlangen nicht zu deuten, Fräulein.

Bertha.
Sie wissen, daß Minister Adlerberg,
Mein Onkel, vielen Einfluß hat —

Wallner.
Und ich
Soll diesen Einfluß mir zu Nutze machen?
Sie sollten besser von mir denken, Fräulein!

Bertha.
Ich selbst will für Sie sprechen, will —

Wallner.
Niemals,
Wenn Ihnen meine Ehre lieb. Ich weiß,
Ihr Herz ist edel, arglos und Sie ahnen
Wohl nicht, daß man als unbewußtes Werkzeug
Für fremde Zwecke Sie mißbraucht.

Bertha.
Wie soll
Ich das versteh'n?

Wallner.
Ich weiß, Sie ahnten nichts.
Nie hab' ich durch den leisesten Verdacht
An Ihrem Herzen mich versündigt, Fräulein!
Vertrauen Sie auch meinem Thun! Das Weib
Soll Achtung haben vor des Mannes Streben.
Ich nehme Abschied heut', vielleicht auf länger
Als sonst, denn meiner harren ernste Tage.

Wenn aus dem Streit des Lebens ich als Müder
Mich heimwärts wenden müßte, halten Sie
Mir dann die letzte Zufluchtsstätte offen,
Ihr liebend Herz!

Bertha.
Mein Wunsch und mein Bestreben
Ist unser Beider Glück, nichts Anderes!
Doch dieses Glück kann nicht auf Wolken wohnen;
Auf fester Erde müssen wir es gründen.
Sie bauen an dem Haus der Welt und reißen
Dabei Ihr eignes nieder.

Wallner (Bertha in schwärmerischer Versunkenheit betrachtend).
Rathlos steh' ich
Vor diesem holden Räthsel der Erscheinung.
Seltsamer Widerspruch! So oft ich sinnend
In diese großen, schönen Augen schaue
Und still betrachtend in dies Antlitz mich
Versenke, das die ew'ge Meisterhand
So rein, so edel, so entzückend schön
Gebildet, drängt mit sel'gem Ahnungsschauer
In meine Seele sich der schöne Wahn:
Solch Menschenantlitz ist kein leerer Schein;
Es ist ein heil'ges Buch der Offenbarung,
Aus dem Natur in leuchtend schönen Zügen
Ihr Höchstes, Schönstes, ihre ewigen
Gedanken kündet; darum müsse auch
Durch jene Menschenseele, der Natur
Solch Heiligthum zum Wohnsitz angewiesen,
Ein Hauch von ewigen Gedanken weh'n.
O holdes Bild des Widerspruches, rauben
Sie mir nicht diesen Glauben!

Bertha.
Ach, ich wollte,
Sie dächten anders, menschlicher von mir.
Sie schwärmen, dichten in so ernster und
Entscheidungsreicher Stunde und gewahren

Den Abgrund nicht, der zwischen uns sich öffnet.
Ach Wilhelm, wir verstehen uns nicht mehr!

Wallner.
Ein bitt'res Wort! Nun seh' ich klar, es störte
Ein fremder Geist den Einklang uns'rer Herzen.
Er ist uns nah'.

(Otto v. Nordau erscheint im Hintergrunde und macht Miene sich wieder zu entfernen, als er die Beiden erblickt, tritt jedoch, nachdem er sich bemerkt sieht, in den Vordergrund.)

Nordau.
Ich komme ungelegen.

Wallner (erregt).
Nicht doch! Du kommst gelegen.

Bertha (abseits).
Gott, was soll das?

(Nordau reicht Wallner die Hand.)

Wallner.
Du bietest harmlos lächelnd mir die Hand
Und sinnst doch Arges mir. Bist du ein Mann
Von Herz, dann künde offen deine Absicht!

Nordau.
Hier hab' ich keine Rechenschaft zu geben.
Ich bin hier Gast gleich dir. Vergiß dich nicht!

Bertha.
Ach, schonen Sie mich, meine Herr'n!

Wallner.
Und stünd' ich
Auf dreimal heil'ger Stätte jetzt, ich könnte
Nicht länger schweigen. Ausgeschlossen sei
Nun jeder Zweifel! Jetzt, vor ihm, mein Fräulein,
Sei es gesagt, daß wir uns Lieb' und Treu'
Gelobt. Ist's Wahrheit, was ich sprach?

Bertha.

Verlangen

Sie doch nichts Ungehöriges von mir!
Bedenken Sie doch Ort und Schicklichkeit!

Nordau.

Gestatten Sie, daß ich dem Herrn sage:
Die Liebe ist kein Gegenstand des Streites;
Ihr gilt kein ält'res Anrecht, kein Vertrag;
Nur frei wird sie genommen und gegeben.

Wallner.

Gewiß, und nicht erschlichen und erheuchelt.

Bertha.

Sie nöthigen mich, daß ich mich entferne.

Wallner (Bertha zurückhaltend).

Nicht doch, mein Fräulein! Bleiben Sie! Ich weiß,
Verbannt aus der Gesellschaft ist das offne
Und freie Wort; sie lügt aus Rücksicht, heuchelt
Aus Schonung, darum thut es noth, zu Zeiten
Der Häßlichen, die sich so eitel bläht,
Den Spiegel ernster Wahrheit vorzuhalten.
Wenn Sie das Bündniß freien Herzens lösen,
Dann will ich's schweigend tragen; doch wenn je
Ein äuß'rer Einfluß, gegen Ihren Willen —
Uns trennen sollte, — denn Ihr Herz wird man
Nicht fragen, — nun, dann wissen Sie, es war
Das dunkle Werk von diesem edlen Freunde.

(Wendet sich zum Abgehen.)

Bertha (halblaut zu Wallner, dem sie einige Schritte folgt).

Vertrau'n Sie mir, doch sei'n Sie eingedenk
Auch meiner Worte, meiner heutigen Warnung!

(Sie reicht Wallner die Hand und wendet sich nach dessen Abgehen mit
scheinbarer Befangenheit gegen Nordau.)

Nordau.
Die achtungsvolle Rücksicht, die ich Ihnen,
Mein Fräulein, schulde, sie verwehrte mir
Dem Herrn Professor würdig zu entgegnen.
Ich kann es nur beklagen, daß —

Bertha (einfallend).
Gottlob,
Daß die fatale Scene überstanden;
Mir ward so schwül von alledem.

Nordau.
Dann muß
Ich fürchten durch ein läng'res Weilen Ihnen
Zur Last zu sein, obwohl mich heut' ein Anlaß
Von Wichtigkeit —

Bertha.
Ach, nur nichts Wichtiges mehr!
Doch bitte, bleiben Sie noch, Herr von Nordau!
Erheitern Sie mich, wenn Sie können, doch
Um Gottes willen, nur nichts Wichtiges mehr!

Nordau.
Ich steh' in Scherz und Ernst zu Ihren Diensten.

Bertha.
Wir wollen seh'n. Doch bei so schöner Zeit
Empfiehlt sich ein Spaziergang wohl im Garten.
Begleiten Sie mich, wenn's gefällig ist.

(Beide gehen nach rechts seitwärts ab. Während ihres Abgehens erscheint Frau von Röden aus dem Hintergrunde auf der Terrasse, die Abgehenden wohlgefällig betrachtend.)

Frau v. Röden (für sich).
Gottlob! Mein Kind kommt endlich doch zur Einsicht.

(Der Vorhang fällt.)

Dritter Act.

(Ein Empfangszimmer bei Minister Adlerberg. Rechts und in der Mitte Eingänge. Professor Wallner, in eleganter Salonkleidung, geht unruhig auf und ab.)

Wallner (nach seiner Taschenuhr blickend).

Die Excellenz läßt lange auf sich warten.
Was soll ich hier? Um Gunst, um Gnade betteln?
Im Kopfe kreisen wunderliche Phrasen
Von Dank und Hoffnung, von Ergebenheit,
Indeß das nothgepreßte Bettlerherz
In stolzem Selbstgefühle trotzig schwillt.
Für Knechtssinn und für glatte Lüge ist
Der glatte Boden hier die hohe Schule.
Behutsam leise tritt hier Jeder auf,
Und flüsternd nur bewegt sich hier der Mund,
Und Hoch und Niedrig, Alle müssen hier
Aus Heuchlermasken süßlich lächeln und
Den Rücken schwunghaft biegsam stets erhalten;
Doch Stolz und Mannesmuth wirft man von sich
Gleich abgetrag'nem Plunder in den Winkel
Zu den verblaßten Jugendträumen hin.

(Sich in einem Spiegel betrachtend.)

Welch' Zerrbild meines Wesens blickt mir da
Entgegen? Ist das eines Mannes Bild?
Das Angesicht voll schlaffer Demuthsfalten,
Der Körper in so lächerlicher Hülle!
So seh'n sie aus, die Männer des Jahrhunderts?

(Er lacht höhnisch in den Spiegel. Minister Adlerberg erscheint aus dem Eingange rechts.)

Adlerberg.

So guter Laune, Herr Professor? Sie
Verzeihen wohl, daß ich Sie warten ließ.

Wallner.
Ich stehe Eurer Excellenz zu Diensten.
(Adlerberg weist Wallner einen Sitz an. Beide setzen sich einander
gegenüber.)

Adlerberg.
Vor Allem möchte ich Sie überzeugen,
Wie ich Sie immer hochgeschätzt und stets
Wohlwollende Gesinnung für Sie hegte.

Wallner.
Ich darf daran nicht zweifeln, Excellenz!

Adlerberg.
Darum erfüllt mit lebhaftem Bedauern
Ihr Schicksal mich. Sie wurden Ihres Lehramts
Enthoben, in Anklagestand versetzt
Politischer Umtriebe wegen —

Wallner.
Mein
Bewußtsein läßt, wenn auch nicht mit Vertrauen,
So doch mit Ruhe mich des Urtheilsspruches
Der Richter harren.

Adlerberg.
Ich bezweifle nicht,
Daß gute Absicht immer Sie geleitet;
Allein die ungebund'ne Sucht nach Beff'rem
Zerstört des Guten mehr, als neu zu schaffen
Ihr je gelingt. Indeß, was wollt' ich sagen?
Ja — man verliert Sie ungern, Herr Professor,
Sehr ungern.

Wallner.
Dann begreif' ich nicht, warum —

Adlerberg (einfallend).
Versteh'n Sie mich! Wir wollen offen sprechen.
Wir leben in gewitterschwüler Zeit,

Und große Fragen drängen zur Entscheidung.
Die Hauptstadt ist in Gährung, die Provinzen
Sind unruh'voll und warten auf die Losung.
Die rasche, blutige Bewältigung
Des jüngsten Aufstands steigerte den Groll
Der Massen. In zwei kampfbereite Lager
Ist unser Volk getrennt und jeder Tag
Kann uns den blut'gen Schrecken bringen, wenn
Nicht die Besonnenen auf beiden Seiten
Den Ausbruch noch verhüten.

Wallner.

Niemand wünscht

Dies sehnlicher als ich.

Adlerberg.

Dann darf ich hoffen,
Sie werden meinem wohlgemeinten Rathe
Gehör und Folge schenken?

Wallner.

Sicherlich,
Wenn meine Ehre, meine Ueberzeugung
Ich unversehrt dabei bewahren kann.

Adlerberg.

Sie haben großen Einfluß bei dem Volke.
Man rechnet wohl mit Recht Sie zu den Führern
Der Volkspartei.

Wallner.

Mit Unrecht, Excellenz!
Ich kenne nur die Menschheit, nur das Volk
Als Ganzes; dem engherzig selbstischen
Parteigetriebe stand ich immer ferne.

Adlerberg.

Dann wird Sie schon der inn're Antrieb drängen,
Von dem Verdachte sich zu reinigen,
Als wären Sie ein Förderer der Ziele
Der Umsturzmänner.

Wallner.
    Nichts in meinem Thun
Berechtigt zum Verdacht, als hätt' ich je
Auf sinnlos rohen Umsturz mein Bestreben
Gerichtet.
              Adlerberg.
            Nun, dann sagen Sie sich offen
Von jener Secte los, die Ihr Bestreben
Zu finst'ren Umsturzplänen nützt und deutet.
Sie steh'n in hohem Anseh'n bei dem Volke,
Und Ihrem Einfluß kann es noch gelingen,
Der sündfluthartig drohenden Bewegung
Einhalt zu thun, in feste, sich're Bahnen
Der ruhigen Entwicklung sie zu lenken.

              Wallner.
Ich bin geehrt durch dies Vertrau'n, allein
Mit jenen Schritten, die man kürzlich gegen
Mich eingeleitet, steht es nicht im Einklang.

              Adlerberg.
Wenn Sie als Friedensmittler die Bethörten
Durch Ihres Anseh'ns Macht zurück in's Lager
Der Ruhe und der Ordnung führen wollten,
Dann würden Sie das allgemeine Wohl
Und selbstverständlich — auch Ihr eig'nes fördern.

          Wallner (sich erhebend).
Ich bin nicht käuflich, Excellenz!

              Adlerberg.
                        Sie deuten
Sehr irrig meine Worte, Herr Professor.
So war es nicht gemeint. Ich achte Sie.

              Wallner.
Der Achtung kann, wer sie verdient, nicht leicht
Verlustig werden; sie erzwingt sich selbst.

4

Was man auch sonst mir bieten könnte, um
Den Preis der Achtung wär' es mir zu theuer.

Adlerberg.

Sie haben viel, sehr viel noch zu verlieren,
Wenn Sie auf dem betret'nen Wege nicht
Bald innehalten.

Wallner.

Wohl! Ich opfere mich.
Nicht meine Sache ist es, was ich suche.
D'rum wird nicht Drohung noch Verheißung mich
Je wankend machen. Unverrückbar fest
Gleichwie der Sterne Bahn seh' ich mein Ziel
Mir vorgezeichnet. In zwei Strömungen
Bewegt sich stets die menschliche Gesellschaft.
Die Einen, vorwärts schauend, ebnen stets
Dem Künftigen die Bahn, indeß die Andern
Mit kurzem Blick am Gegenwärtigen haften.
Der Theil, der weich gebettet, will beharren,
Doch jener größere Theil, der hart gebettet,
Sucht Linderung — mit Recht. Der Menschenfreund
Kann nur auf Seite der Bedrängten steh'n.

Adlerberg.

Ich seh', mein guter Wille ist vergeblich.
Der guten Sache wollt' ich Sie gewinnen —
Und die Regierung meint es gut, steht ihr
Auch nicht das Zauberfüllhorn zu Gebote,
Um alle Welt mit Glück zu überhäufen.
Aus warmem Menschenantheil wollte ich
Zum Beff'ren Ihre eig'ne Sache lenken;
Sie wollen nicht, — ich kann nichts And'res thun,
Als Sie bedauern.

Wallner.

Wünschen Excellenz
Noch weiter meine Gegenwart?

Adlerberg.
                      Ich bat
Bloß Ihretwegen Sie zu mir. Noch einmal,
Ganz ungeschminkt: Der jetzige Augenblick
Entscheidet über Ihre Zukunft. Wollen
Sie, Herr Professor, daß von heute an
Sich Ihnen meiner Schwester Haus verschließe?
Sie werden einseh'n, des Ministers Nichte
Kann doch mit Staatsverbrechern nicht verkehren.
Und weiters, woll'n Sie Amt und Herzensglück
Der bess'ren Ueberzeugung, wie man's nennt,
Aufopfern und für die Idee der Freiheit
Und Volksbeglückung sich begeistern im
Gefängniß oder in Verbannung? — Ganz
Nach Ihrer Wahl!

Wallner.
                Ich hab' gewählt. Sie mögen
Hier diese Arme fesseln, doch den Geist,
Der frei und mächtig weht durch's ganze Land,
Den sucht die Häscherfaust umsonst zu fassen.
Will eher bettelarm durch's Leben irren,
Denn als besoldeter Verräther schwelgen;
Eher verbannt sein, ohne Lieb' und Heimat,
Als um ein Weib in Geistesknechtschaft leben.
             (Ein Diener tritt ein.)

Diener.
Sehr dringende Depeschen, Excellenz!
Auch wartet eine Deputation —

Adlerberg.
Ich weiß schon, Demonstranten sind's, sie mögen
Nur warten. Sie verzeihen, Herr Professor!
          (Er öffnet die Depeschen und liest.)
Entsetzlich! Ueberflügelt hat das Unheil
Mit wilder Hast die weiteste Befürchtung.
In den Provinzen tobt der off'ne Aufruhr
Mit allen Schrecken sinnloser Zerstörung,

Und Ihren Namen, Ihren, Herr Professor,
Hört man als Kampfruf aus den wilden Kehlen.

Wallner.

Was? Meinen Namen?

Adlerberg (reicht ihm eine Depesche).
Ja! Da lesen Sie!

Wallner (nachdem er die Depesche gelesen, aufgeregt).
Ein frevelhafter Mißbrauch ist's, ein Trug!
Ich habe nichts gemein mit Meuchelmördern.

Adlerberg.

Es sind die Früchte nur von Ihrer Saat.
Erklären Sie sich offen! Es erlaubt
Der Ernst der Lage nun kein Schwanken mehr.
Was ist nun Ihre Wahl?

Wallner.

Ich habe keine.
Unseliges, bethörtes Volk! So mordest
Durch blindes Toben du dein gutes Recht,
Begräbst in Trümmern, unter blut'gen Leichen
Die gold'ne Freiheit und dein eig'nes Wohl
Und zwingst die Besten, sich von dir zu wenden.

(Zu Adlerberg.)

Mit Jenen, die die Freiheit und das Recht
Und meinen Namen durch ihr blutiges Werk
Geschändet, hab' ich nichts gemein; das kann
Und will vor aller Welt ich frei und offen
Erklären.

Adlerberg.

Thun Sie das und bald, dann kann
Ich mich für Ihre Sicherheit verbürgen.
Beschwichtigen Sie das bethörte Volk!
Den Muth der Wahrheit, den Sie mir bewiesen,
Bewahren Sie ihn fest auch vor der Menge.

Ich muß in den Ministerrath und kann
Die Deputation, die draußen harrt,
Jetzt nicht empfangen. Abgesandte sind's
Aus einer Volksversammlung. Sprechen Sie
Mit ihnen nun das richtige Wort; es wird
Aus Ihrem Munde leichter Anklang finden.
(Er läutet. Ein Diener erscheint.)
Die Deputation ist vorzulassen.
Ich will nicht lästiger Zeuge sein. Ich hoffe
Von Ihrer fern'ren Wirksamkeit das Beste,
Zu Ihrem wie zum Wohl des Allgemeinen.

(Adlerberg entfernt sich, noch ehe Wallner, der von dessen Eröffnungen unangenehm berührt erscheint, erwidern konnte. Hermann erscheint an der Spitze einer zahlreichen Deputation.)

Hermann.
Du hier?
Wallner.
Ich bin nicht minder überrascht —

Hermann.
Ich glaubte den Minister hier zu treffen.

Wallner.
Ich sprach mit ihm soeben.

Hermann.
Und empfängst
Du uns statt seiner?
Wallner.
Er begab sich eben
In den Ministerrath, zu dem er dringend
Berufen wurde.
Hermann.
So! Und ließ uns vor
Daß wir mit dir verhandeln mögen? — Seltsam!
(Zeichen des Unwillens unter den Abgesandten.)
Man spielt mit uns Komödie! Sag', was thust
Du hier?

Wallner.

Zur Rechenschaft ward ich berufen.
Du weißt, daß man des Hochverraths mich zeiht.

Hermann.

Ich weiß. Ganz unverdient. Man wollte wohl
Durch irgend einen Köder dich gewinnen?

Wallner.

So schien's. Ein andermal davon. Du weißt,
Daß ich des Volk's gerechte Sache stets
Vertrat.

Stimmen der Abgesandten.

Gewiß! Wir wissen es! So ist's!

Hermann.

Und hoffentlich wirst du's auch ferner thun.

Wallner.

Das will ich treu, doch eine Grenze gibt's,
Vor der ich schaudernd mich zur Umkehr wende.
Den edlen Zielen der Bewegung will
Ich freudig meine Kraft, mein Leben weih'n;
Doch von den sinnlos rohen Kräften, die
Nicht von der reinen Flamme der Begeist'rung,
Die nur von blinder Wuth und Gier getrieben
Vorstürmend uns're makellose Fahne
Zum Schreckenszeichen machen, wend' ich mich
Mit Abscheu weg.

Hermann.

Ganz schön gesprochen! Leider
Ist damit wenig anzufangen, Freund!
Indeß, aus welchem Grunde sagst du mir
Das eben jetzt?

Wallner.

Weil man es wagte, mich,
Mein Streben, meinen Namen zu mißbrauchen

Für die verworf'nen Ziele jener Rotten,
Die eben sich in der Provinz erhoben
Zu Mord und Plünderung.

Stimmen der Abgesandten.

Ein Aufstand? Wo?

Hermann.

Ein off'ner Aufstand? Von Bedeutung? Wo?

Wallner.

Ein Frevel ist's, ein Mord an uns'rer Freiheit.
Die dunklen Ordnungsmänner haben nun
Den längst ersehnten Vorwand, um das Volk
Auf's Neue in die kaum gelösten Fessel
Zu schlagen.

Hermann.

So verkennst, mißachtest du
Den Opfermuth der Männer, die ihr Leben
Für uns're Ziele wagen? Ohne Macht
Kann sich kein Recht behaupten. Uns, den Führern,
Steht es nun zu, die Zügel zu ergreifen
Und die Bewegung in die rechte Bahn
Zu lenken.

Wallner.

Auf dem Wege, der zum Abgrund
Des Schreckens führt, kann ich nicht Führer sein.

Hermann.

Du sagst dich los von uns?

Wallner.

Vor aller Welt
Will ich erklären, daß ich nichts gemein
Mit jenen Frevlern an der Freiheit habe,
Daß ich ihr blutiges Werk verdamme.

Hermann.

Jetzt,
Im ernsten Augenblicke der Entscheidung?
Jetzt willst du Zwietracht sä'n in uns're Reihen?

Wallner.
Ich bin kein Glied aus jenen Reih'n; nie war ich
In Eintracht mit den Mächten der Zerstörung.

Hermann.
Abtrünniger! Dich hat Ministerhuld
Verführt. Um Weib, um Amt, vielleicht um — Geld
Bist zum Verräther du am Volk geworden.

Wallner.
Unseliger! Das sagst du mir?

Hermann (zu der Deputation).
Kommt fort!
Die Acht des Volkes treffe den Verräther!

Stimmen der Abgesandten.
Verräther!

(Hermann und die Deputirten entfernen sich. Wallner starrt in schmerzlicher Bewegung vor sich hin.)

Verwandlung.

(Zimmer bei Frau von Röden mit zwei Eingängen, links und in der
Mitte; der letztere führt in einen Salon, in welchem eben eine größere
Gesellschaft versammelt ist; man hört zeitweilig Clavierspiel und
Menschenstimmen von dort.)

(Minister Adlerberg und Otto von Nordau treten aus dem mittleren
Eingange auf.)

Adlerberg.
Das Fräulein Wallberg will jetzt declamiren?

Nordau.
Das darf man sich wohl schenken, Excellenz!

Adlerberg.
Sie sprachen von Professor Wallner?

Nordau.
Ja.
Ich kenne seinen Starrsinn, d'rum erfüllt
Es mich mit Staunen nun, daß Excellenz
So rasch und gründlich ihn zu zähmen wußten.

Adlerberg.
Sie kennen ihn und glauben das?

Nordau.
Hat er
Sich nicht von der Bewegung losgesagt?
Das war ein Sturm in der papier'nen Welt
Der Tagesblätter, als sein off'ner Brief
Erschien. Hat ihn das Volk vorher vergöttert,
So lästert es ihn doppelt nun.

Adlerberg.
Das Volk
Bleibt stets ein Kind, voll unvernünftiger Launen.

Nordau.
Der Anhang, den er bei dem Volke fand,
Gab ihm Bedeutung.

Adlerberg.
Doch es dürften nun
Weit Schlimmere die Leitung übernehmen.

Nordau.
Mir schien er der Gefährlichste von Allen.
Die dumpfe Menge steckt nichts leichter an
Als jener unbestimmte, wolkenhoch

Sich schwingende Beglückungswahnwitz, der
Ihn ganz beherrscht, wenn anders Wahnwitz nicht
Ein allzu mildes Wort ist für sein Wirken.

Adlerberg.
Ihr Urtheil scheint mir hart. Er dauert mich
Als Mensch, muß ich sein Streben auch bekämpfen.
Gleich allen Weltverbesserern ist er
Zugleich ein großer Weltverkenner, doch
In Allem echt und wahr, und ohne Selbstsucht;
Kurz, ein Charakter, der die Gunst des Glücks
Sehr leicht, doch nie die Achtung sich verscherzt.

Nordau.
Wir waren Jugendfreunde und ich warnte
Ihn öfters vor den Wegen, die er wandelt.

Adlerberg.
Er war Ihr Freund? Dann war wohl die Verlobung,
Die Sie gefeiert, keine Freundesbotschaft
Für ihn. Hat er vielleicht aus selt'ner Großmuth
Dem Freunde Platz gemacht? Das säh' ihm gleich.

Nordau.
Nein, Excellenz! Nur freie Herzenswahl
Bestimmte Ihre liebenswerthe Nichte
Mir ihre Gunst zu schenken.

Adlerberg.
   Doch was sagt
Ihr Freund und Nebenbuhler?

Nordau.
   Excellenz
Vermuthen doch nicht, daß ich ohne Rücksicht
Auf meine Stellung noch mit ihm verkehre?

Adlerberg.
Gewiß nicht, nein. Sie wissen doch, daß ich
Nur über Ihre schätzenswerthen Winke

Den Auftrag gab, sein Thun zu überwachen
Und ihn in Haft zu nehmen, wenn ein Anlaß
Sich bieten wird. Nie zweifelt' ich an Ihrer
Gesinnung, doch — ich werde alt und finde
Zuweilen etwas schwer das richtige
Verständniß für die junge Welt, die jetzt
Ins Leben drängt. Von Tag zu Tag verschärfen
Sich nun die Gegensätze und die Menschen
Begegnen sich nun immer unduldsamer.
Ja, ja! Sehr schlimm. — Die Declamation
Ist wohl vorbei.

(Geht durch den Eingang im Hintergrunde ab.)

Nordau (ihm nachrufend).

Vorbei ist deine Zeit!
Doch meine naht heran mit Windesflügeln;
Für diese taugt allein die Eisenfaust
Und nicht die zitternd schwache Hand des Greises.

Bertha (tritt aus dem Salon hastig auf).
Ihr spracht von ihm?

Nordau.
Von wem?

Bertha.
Von ihm!

Nordau.
Du meinst
Professor Wallner?

Bertha.
Ja! Was ist mit ihm?
Was ist an all' den heimlichen Gerüchten?
Warum verweigert man mir jede Auskunft?
Droht ihm Gefahr? Sinnt man auf sein Verderben?
Ich muß es wissen!

Nordau.
Ist es meine Sache,
Von seinem Schicksal Rechenschaft zu geben?
Hast du für ihn zu sorgen?

Bertha.
Er hat Feinde,
Wo er sie nicht vermuthet. — Ja, ich weiß es.
Du selbst und Adlerberg, habt ihr euch nicht
Verbündet, um ihn heimlich zu verderben?
Und das ist schändlich!

Nordau.
Meiner Braut geziemt
Nicht diese Sprache.

Bertha.
Keinen Vorwurf, Otto!
Und wär' ich deine Gattin, nimmer ließe
Mein Herz ich knechten, wo es menschlich fühlt.
Den schuldigen Zoll des Mitgefühls, den ich
Dem Bettler nicht verweig're, sollt' ich ihm
Versagen? Niemals! Ich kann's nicht vergessen,
Was dir er einst und was er — mir gewesen.

Nordau.
Was soll dies Alles? That denn ich ihm Unrecht?
Wozu der Eifer?

Bertha.
Muß ich dir's erst sagen?
Hat man durch niedrige Verleumdungen
Ihn seiner Stellung nicht beraubt? Hat man
Ihn nicht durch eine listig abgerung'ne
Erklärung der Verachtung und dem Haß
Des Volkes preisgegeben, weil man hoffte,
Den Einflußlosen und Verachteten
Mit weniger Mühe zu beseitigen?
Ja, sieh' mich nur verwundert an! Versteh' ich

Auch sonst nur wenig von den garstigen Händeln
Der Welt, so weiß ich diesmal doch Bescheid.
Doch Eins empört vor Allem mein Empfinden:
Daß seinen Jugendfreund man, — dich, ja dich,
Zumeist beschuldigt.

Nordau.

Doch mit Unrecht! Wallner
War stets sein eig'ner Feind.

Bertha.

Weil arglos er
Vertrauen schenkte Jenen, die ihn täuschten?
Wir haben Beide schlecht an ihm gehandelt.
Ich unbewußt vielleicht, doch du —

Nordau (einfallend).

Nicht weiter!
Nichts mehr davon, soll ich nicht ernstlich zweifeln,
Ob ich noch meine Braut dich nennen darf.
Er ist ein Mann und darf mit seinem Schicksal
Nicht hadern, denn es ist sein eig'nes Werk.

Bertha.

Er wandelt arglos einem Abgrund zu,
Und keine Freundeshand hält ihn zurück.

Nordau.

Den Thoren kann man nicht auf allen Wegen
Nachfolgen.

Bertha.

Du beleidigst ihn und mich!
Ich sage dir, bei Gott! daß diesen Ring
Ich dir zu Füßen werfe, wenn ihm je
Von dir ein Unrecht widerfährt!

Nordau.
Genug,
Mein Fräulein! Ich bin jetzt Ihr Gast und bitte
Als solcher Sie um Rücksicht! Nächstens mehr. —
(Nordau verbeugt sich und will sich entfernen. Frau v. Röden tritt in
großer Aufregung herein.)

Frau von Röden.
Entsetzlich! Unerhört!

Nordau.
Was ist gescheh'n?

Frau von Röden.
Mein Haus ist bloßgestellt vor aller Welt.

Nordau.
Warum das, gnädige Frau?

Frau von Röden.
Ein Angeklagter,
Von aller Welt Verworf'ner wagt es noch
Erhob'nen Hauptes in mein Haus zu treten.
Was muß sich die Gesellschaft von mir denken?
Hat er von der Verlobung keine Kenntniß?

Nordau.
Professor Wallner?

Bertha (lebhaft).
Ist er hier?

Frau von Röden.
Ja, er!
Das wird mir die Gesellschaft nie verzeihen!
Beschützen Sie uns doch vor diesen Menschen!
Das ist ja Ihre Pflicht nun.

Nordau.
Ihre Tochter
Ist leider and'rer Meinung.

Frau von Röden.
                            Achten Sie
Nicht allzuviel darauf! Sie ist ein Kind.

Bertha (mit erzwungener Zurückhaltung).
Ich hab' es aufgegeben, mit der Mutter
Je über ihn zu sprechen.

Frau von Röden (zu Nordau).
                        Kommen Sie!
Wir müssen ohne Aufseh'n ihn entfernen.
Sie zieh'n ihn abseits, sprechen ihn mit Ruhe,
Daß die Gesellschaft keine Störung leidet,
Und wenn ein Funken Ehrgefühl in ihm —

Bertha (heftig einfallend).
Nein, diese Schmach soll ihm nicht widerfahren!
Ich selbst will mit ihm sprechen, will ihm Alles
Gestehen. Laßt mich!

Frau von Röden.
            Keinen Schritt, mein Kind!

Nordau.
Ich bitte dich bei uns'rer Liebe, Bertha!
Bei uns'rem Glück, das du zerstören willst!
Du darfst ihn jetzt nicht sprechen.

Frau von Röden.
                        Ich beschwöre
Dich bei der Ehre meines Hauses, bleibe!
Ich mache meine Mutterrechte geltend.

Bertha.
Ich mache seine Menschenrechte geltend!
Dem Ehrenmanne weist man nicht die Thür.

Nordau.
Sei unbesorgt! An seiner Ehre soll
Ihm keine Kränkung widerfahren. Hätte

Er Kenntniß schon von unserer Verlobung,
Er wäre nimmer hier erschienen. Schonend
Will ich ihm das Geschehene enthüllen,
Wenn anders ich als meine Braut dich noch
Betrachten darf. —

    Bertha (dumpf mit schmerzlicher Resignation).
      Bin ich es? Ja! Wo war
Doch mein Gedächtniß? Deine Braut! So ist's.
Gebunden steh' ich da an Herz und Händen.
Das Mahnwort kam zur rechten Zeit. Ich darf
Ihn heute nicht, ich darf ihn nimmer sprechen.
Wenn er mit traurig ernstem Antlitz jetzt
Vor mir erschiene, Schmerz und Vorwurf in
Dem stillen Blick, der tief die Seele schneidet:
Ich müßte schuldgebeugt zu Boden sinken.
O, geht nur, geht! Seid unbesorgt! Ich hind're
Euch nicht. Ich dulde Alles, weil ich muß. —

(Frau von Röden und Nordau gehen durch die Mittelthüre ab.)

      Bertha.
O Gott! In welches Wirrsal ist mein Herz
Verstrickt! Und keinen Ausweg seh' ich mehr.
Allüberall nur Schranken, die Gesellschaft
Und Meinung, Sitte mitleidslos um mich
Gezogen.

(Sie setzt sich zu einem links stehenden Tischchen, den Kopf in die Hand gestützt. Vom Salon her vernimmt man gedämpfte, stimmungsvolle Musik.)

    Schlaflos rang ich heute Nachts
Im qualerfüllten Widerstreit des Herzens.
Der Zukunft Bilder, freudlos, düster, und
Erinnerungen, vielgestaltige, zogen
Gleich sturmgetrieb'nen Wolken, raschen Fluges,
Durch meine Seele; bitt're Selbstanklagen
Bedrängten mich. Die Stimme meines Herzens
Ertönte laut und machtvoll heute mir
Zum ersten Mal, jedoch zu spät, zu spät! —

(Professor Wallner tritt durch die linke Seitenthüre ein. Als er Bertha
erblickt, eilt er rasch auf sie zu. Bertha fährt bei seinem Anblicke
erschreckt zusammen und sucht ihr Antlitz vor ihm zu verbergen.)

Wallner.

Gottlob, daß ich Sie endlich finde! Suchend
Durchschreit' ich lange schon des Hauses Räume.
Verwandelt scheint mir Alles hier. Als ich
Den Saal betrat, da schien's, als säh'n mich Alle
Befremdet an, als wiche die Gesellschaft
Vor mir zurück in Scheu und heimlich flüsternd;
Die Mutter bot mir kaum die Hand zum Gruß
Und sprach kein Wort. Ich suchte lang nach Ihnen,
Ich fragte sorgerfüllt um Ihr Verbleiben,
Doch Niemand wußte oder wollte mir
Bescheid ertheilen. Und nun find' ich Sie
Allein, Ihr Antlitz wendet sich von mir,
Und nicht ein Wort des Grußes wird mir heute.
Ich bin erfüllt von namenloser Bangniß.
Die ungewisse Furcht erdrückt mein Herz.
Was ist gescheh'n? Was habe ich verschuldet?
O brechen Sie dies fürchterliche Schweigen!

Bertha.

Ich finde keine Worte — ach, erlassen
Sie mir das peinvolle Geständniß.

Wallner.

                                Hätte
Der Lauf der wen'gen Tage, seit wir uns
Nicht mehr gesehen, mir Ihr Herz entfremdet?
Erschein' ich als ein And'rer heut' als sonst?
Sind Sie nicht mehr, was Sie mir waren? — Nein!
Dies kann ich nimmer glauben, mußt' ich auch
So manches schönen Wahnes mich entschlagen.
Ich hatte einen Freund, der über Alles
Mir theuer war, — ich habe ihn nicht mehr.
Ein großes Hoffen schwellte einst mein Herz
Nach Ehr' und Ruhm und Glück, — es schwand dahin.

Ich weihte meine Kräfte dann dem Wohle
Des Allgemeinen; bei dem Leidensanblick
Der schwer bedrängten Menschheit lernte ich
Des eig'nen Leids vergessen und mein Ziel
War Linderung des allgemeinen Elends.
Die rohen Lebensmächte haben mir
Auch dieses Ziel entrückt. Nun steh' ich wieder
Allein, von Allem losgelöst, was mir
Das Leben werth gemacht. Nur einen Glauben
Trag' ich noch felsenfest in meiner Seele,
Den Glauben an das Menschenherz, den Glauben
An Ihr Herz, Bertha, und an Ihre Liebe.
Was immer uns'rem Bunde feindlich sei,
Wir werden es besiegen, wenn wir treu
Zusammensteh'n.

(Er will ihre Hand erfassen; sie wehrt ihn ab.)

Bertha.

O, reichen Sie die Hand
Nicht der, die Ihrer niemals würdig war!

(Frau von Röden und Nordau treten ein; etwas später Minister Adlerberg.)

Wallner (überrascht zu Nordau).

Du hier?

Nordau.

Mein Herr! Mein Hiersein ist begründet.

(Auf Bertha deutend.)

Hier meine Braut.

Wallner.

Was? — Deine Braut?

Nordau.

Ja, meine Braut.
Was ist dabei so seltsam?

Wallner.
Seltsam? Nein!
Nicht seltsam würd' ich's nennen, nur gemein,
Nichts als gemein. O Bertha, sprechen Sie!
Nun darf sich uns're Liebe nicht mehr bergen.
Entlarven Sie sein freches Lügenwort!

Frau von Röden.
Mein Herr, vergessen Sie nicht, wo Sie sind!

Bertha.
Ach Wilhelm, seien Sie gerecht! Es kam
So, wie es kommen mußte. Niemals
Hab' ich mit Wissen Sie getäuscht. Bei Gott!

Wallner.
Verruchtes Schicksal, wenn mein Menschendasein
Verhaßt dir ist, warum vernichtest du
Es nicht mit einem Schlage dann? Warum
So stückweis und gesteigert grausam morden?
Doch schweig', mein Herz! Entweihe dein Empfinden
Auf dieser Stätte nicht! Verzeihung! Abschied
Will ich noch nehmen; Ihnen, werthes Fräulein,
Ein letztes Lebewohl und Dank, ja Dank
Für Alles sagen, auch für's Letzte. Richten
Wird Sie Ihr eig'nes Herz einst; mög' es Ihnen
Gerechter, milder sein, als ich's vermöchte.

(Bertha schluchzt heftig. Wallner wendet sich, im Abgehen begriffen,
gegen Nordau.)

Nordau (zu Wallner).
Mein Herr, Sie fühlen wohl das Peinliche
Von Ihrer Gegenwart —

Wallner (von plötzlicher Erregung ergriffen).
Des Weibes Unrecht
Ertrug ich wehrlos, doch dem frechen Manne

Biet' ich die Stirne. Ich empfinde bloß
Das Peinliche von deiner Gegenwart,
Verachtenswerther!

Nordau.
Stirn an Stirne will ich
Als Mann dir stehen, doch nicht jetzt, nicht hier.

Frau von Röden.
Ach, meine Herren, Mäßigung! Was wird
Sich die Gesellschaft denken!

Wallner.
Die Gesellschaft
Ist ein verfilzter Knäu'l von Lug und Trug,
Nicht werth der Achtung.

Frau von Röden.
Dieser Mensch ist rasend!

(Der Hintergrund hat sich allmälig mit Personen aus der Gesellschaft gefüllt, die durch die Salonthüre nach und nach eingetreten sind.)

Adlerberg (vortretend, zu Wallner).
Genug, mein Herr! Ihr Treiben hier verletzt
Die Pflicht des Gastes und das Recht des Hauses.
Verlassen Sie uns!

Frau von Röden.
Schonen Sie mein Haus!

Wallner (heftig).
Die Rechte des getret'nen Menschenherzens
Sind älter, heil'ger als das Recht des Hauses,
In dessen Mauern Lüge und Verrath
Sich feig verkriechen. Bebt ihr vor der Stimme
Der Wahrheit aus der vollen Menschenbrust,
Ihr Heuchler mit dem sanften Flüsterton?
Nun seh' ich klar in euer schändlich Spiel;
Doch die Gewinner seid nicht ihr. Zerrissen

Ist euer Trugnetz und ich schleud're es
Mitsammt dem giftig süßen Köder euch
Mit Hohn zurück. Erst jetzt beginnt der Kampf,
Da keine falsche Rücksicht mehr mich bindet.

(Adlerberg spricht leise zu einem nebenstehenden Herrn, dieser entfernt
sich darauf.)

Jetzt, da ich Alles, Alles hab' verloren
Und nichts mehr hoffe, jetzt fühl' ich mich frei.
Frei steig' ich in die Bresche, werf' den Brand
In das verrottete Gebäude, daß kein Stein
Mehr auf dem andern bleibt! Frei! Frei!

(Er geht bei den letzten Worten festen Schrittes dem Ausgange zu.
Die Anwesenden treten zu beiden Seiten zurück. Beim Ausgange tritt
ihm ein Polizeibeamter entgegen.)

Polizeibeamter.

Gemach, mein Herr! Im Namen des Gesetzes
Verhaft' ich Sie.

Wallner.

Verhaftet? Wohl, es sei!
Es ist die letzte Ehre, die ihr mir
Noch vor der Welt erweisen könnt.

(Bertha, die bisher in scheuer Zurückhaltung verharrte, tritt bei der
Nachricht von Wallner's Verhaftung leidenschaftlich vor.)

Bertha.

Verhaftet?
O Gott! Warum das? Was hat er verbrochen?
Die Schuldigen hier sind nur wir.

Frau von Röden.

Mein Kind!
Was thust du?

Adlerberg (Bertha zurückhaltend).

Achtung vor der Staatsgewalt!

Wallner (gegen Bertha gewendet).
Die Bettlergabe deines Mitleids spare
Für And're, für dich selbst!
(Zum Polizeibeamten.)
Ich folge Ihnen.
Im Kerkerdunkel wachsen stolzen Seelen
Die Schwingen für den hohen Flug zur Freiheit!
(Alle ab, mit Ausnahme Bertha's, die in schmerzlicher Aufregung in einen Stuhl sinkt. Anna erscheint aus der Seitenthüre links, eilt auf Bertha zu und sinkt vor ihr nieder; Bertha umschlingt sie mit ihren Armen. Der Vorhang fällt.)

Vierter Act.

(Wallner's Wohnung, ein dürftig ausgestattetes Gemach. Links ein Tisch; darauf Bücher und Schriften. Es ist Nacht. Das Zimmer ist von einer Lampe auf dem Tische matt erleuchtet. Wallner, mit bleichen, verstörten Mienen, dürftig und nachlässig gekleidet, sitzt vor dem Tische und starrt vor sich hin.)

Wallner (erhebt sich, geht in die Mitte des Gemaches und bleibt nachdenklich stehen).
Ich bin am Ziel. — Die Rechnung meines Daseins
Ist abgeschlossen und noch heute stelle
Ich meine Zahlungen an's Leben ein.
Es war ein schlechtes, trauriges Geschäft;
Mit falschen Ziffern hab' ich oft gerechnet,
Doch Niemanden als mich allein betrogen.
Als eine hohe, schöne Kunst dacht' ich
Das Menschenleben mir, jedoch es ist
Ein Handwerk nur, ein ekles Rechenhandwerk;
Die Lehrzeit lang, das Lehrgeld schmerzlich theuer,
Und eh' man ausgelernt, ist es zu Ende.
Fahr' hin!

(Er wendet sich gegen ein an der linksseitigen Wand hängendes Bildniß.)
O Mutter, Mutter! Laß' mich vor dem Scheiden
Noch einmal in dein theures Antlitz schau'n!
Wie mild und liebreich! Ja, das ist der Blick,
Der meiner Jugend helle Leuchte war;
Das ist der herzergreifend milde Blick,
Mit dem du sterbend mir die Hand gereicht.
Wärst du noch hier, wie gern ertrüg' ich Alles!
Um eine Mutter lohnt sich's noch zu leben.
Ich war dein Stolz und deine Hoffnung einst;
Wohl dir, daß du mein Elend nimmer siehst!
Ein Bettler bin ich, ein gehetztes Wild.
Auf hohe Ruhmeszinnen wollt' ich steigen,
Und in den Kerker warf man mich hinab.
Das Volk, um dessen Heil ich mich geopfert,
Verkennt, verleugnet mich mit stumpfem Sinne
Und schreit bei meinem Anblick: Steinigt ihn!
Der Geist der Knechtschaft und der Finsterniß
Verbreitet allumschattend seine Schwingen,
Und in dem ew'gen Wechsellauf der Zeiten
Bricht wieder an die große Völkernacht.
(Man hört eine Thurmuhr schlagen.)
Die eilfte Stunde! Nun, so sei's gethan!
Endlose Zeit, du ew'ges Einerlei
Der Tage, rolle fort nun ohne mich,
Wie du's durch Ewigkeiten, eh' ich war,
Gethan. Ich hab' der Tage allgenug
Geseh'n, mag keinen neuen mehr erleben. —
(Er ergreift eine auf dem Tische liegende Pistole und legt den Lauf derselben quer über die Stirne.)
Mein Hirn verbrennt. — Du zitterst, feige Hand?
O, wie das kühlt! — Und dann? — Das große Räthsel,
Bald ist's gelöst. — Wie seltsam, schrecklich seltsam
Ist doch das Sterben! — Spotten werden sie
Und meinen Schädel, mein Gehirn zerschneiden,
Mich für verrückt erklären. — Manchmal war's
Doch schön, so sonnig licht und warm, das Leben.
Nun friert mich. - - -

(Mit erhöhter Stimme.)

Deine Zeit ist kurz! Sprich endlich
Die laut're Wahrheit mit dir selber! Du,
Nur du allein, verrätherisches Weib,
Vergällst mein Dasein, treibst mich in den Tod!
(Man hört Schritte vor dem Eingange; bald darauf wird geklopft.)
Wer naht? Sind's Häscher?
(Er geht mit vorgehaltener Waffe auf die Thüre zu. Hermann und
Fritz treten ein.)

Fritz (noch in der Thüre).

Grüß' dich, altes Haus!

Hermann.

Freund und Professor! Halt! Erschieß' uns nicht!
Wie siehst du aus? Was soll die Waffe dir?
Du zitterst, starrst mich an? Kennst du nicht mehr
Die alten Freunde? Sag'! Dir geht es schlecht?

Wallner (tonlos).

Mir geht es schlecht.

Hermann.

Dein Antlitz ist verstört;
Dein Auge rollt so grauenhaft. Du machst
Mir bange. Sprich, was wolltest du? Was soll
Die Waffe hier? — Mein armer, guter Freund,
Du wolltest, — o!

Wallner.

Ich hab' nichts mehr zu wollen.

Hermann.

Dich selber morden?

Wallner.

Wem liegt was daran?

Hermann.

So wär' es dahin schon mit dir gekommen?
Gebrochen dieser edle, kräftige Geist!

Fritz (Wallner die Waffe entwindend).
Freund Gottes, her die Waffe! Daß dich Gott
Davor behüte!

Wallner.
Wenn nicht heut', so morgen,
Und Ihr verlängert zwecklos meine Qual.

Hermann.
Ich fasse deines Jammers ganze Tiefe,
Doch nicht der Seele finsteren Entschluß.
(Mit starker Betonung.)
Bist du ein Mann?
(Wallner senkt den Kopf.)
Sag' mir, bist du ein Mann?

Wallner.
Ich bin ein Mensch. Nicht Jedermann empfindet
Vergnügen d'ran, ein Mensch zu sein.

Hermann.
Gewiß!
Nicht Jeder, der sich spreizt im Schmuck des Kriegers,
Hält Stand, wenn dräuend ihn die Schlacht umtost.
Blick' auf! Sieh' nicht zu Boden! Mir in's Auge!
So, und nun sag', was fehlt dir? Brod zum Leben?
Dein Arm ist stark, dein Geist ist reich und rege,
Die Welt ist groß und du willst d'rin verhungern?
Doch nein, das ist es nicht. Nun denn, ein Freund
Hat dich verrathen — hier zwei andere
Und rings um dich dein Volk, die Menschheit. Sind
Sie dir nicht mehr? Doch nein, auch das ist's nicht.
Dein Lieb hat dich betrogen? Ha, du zuckst!
O schlaffe Zeit! Wie soll es dir gelingen,
Das Ilion deiner Wünsche zu erobern,
Wenn dein Achilles, wenn dein Heldenthum
Vor dessen Mauern liebeschmachtend stirbt?
Bist du der Einzige, den die Lieb' betrogen?
Und haben Alle sich darum gemordet?

Was ist denn Liebe? — Ha, das weißt du besser!
Wär' sie dein wichtigstes Geschäft im Leben?
Willst du nur lieben, ewig lieben, was?
Und hat die Welt nicht Millionen Weiber?
Nicht schlechter und nicht besser als die Eine!
Und ist ein Weib, das dich so schnöd' behandelt,
Nicht deiner unwerth?

Fritz (zu Wallner).
Ja, Hermann hat Recht!
Gesteh's nur, Freund!

Hermann.
Dich grämt, weil die „Gesellschaft"
Dich in den Bann gethan? Willst du noch bess're
Gesellschaft als dich selbst? Ist die Natur
Und sind die großen Geister aller Zeiten
Dir nicht Ersatz genug? Dich grämt, weil man
Dir Unrecht that, dich schmähte und verkannte?
Sei stolz darauf! Auch ich bekenn' mich schuldig,
Und du wärst klein, wenn diese kleine Welt
Nicht so an dir gehandelt hätte.

Fritz.
Bravo!

Hermann.
Dich grämt, weil du zu Grabe tragen sahst
Die Hoffnungen des Volkes, weil, was du
Gesä't, nicht plötzlich reist und Früchte trägt?
Kleinmüthiger, hast du für dich gesä't?
Hast du für den Erfolg des Augenblicks
Gestrebt? Ist nicht das Volk, die Menschheit ewig?
Vermehrt nicht jede freie Geistesthat
Den großen, ew'gen Schatz der Menschheit? Nun
Sag mir, ist werthlos denn dein Leben?

Wallner.
Freund,
Du greifst in's Innerste der Seele mir!

Hermann.

Das wollte ich — aufrütteln alle Tiefen
Der Seele und dich mahnen an dich selbst.
Das war nicht echt, was du bisher gewesen.
Ich trag' ein and'res Bild von dir im Geiste;
Du kennst es selbst noch nicht, es liegt verhüllt,
Verstaubt im tiefsten Grunde deines Herzens.
Der Fluch der Zeit, die Halbheit, drückt dich nieder;
Du hattest nicht den Muth, du selbst zu sein.
Und doch warst du ein Selbstling, Freund! Dich suchtest
Im Freunde du, der dich verrieth, im Weibe,
Das dich genarrt, dich, deine Traumwelt in
Dem großen, ernsten Leben, darum fandst
Du Widerstreit in Allem, und im dunklen
Und schämigen Bewußtsein deiner Ichsucht
War halb und zaghaft Alles, was du thatest.
Du hast es schwer gebüßt! Nun aber stehst du
Vor deines Lebens großem Augenblick.
Ergreife ihn! Statt schmählich zu verderben,
Erheb' die Seele aus dem Flammenbade
Der Schmerzen, schwinge dich empor, geläutert!
Wirf alle Bürden ab, die du bisher
Als wünschenswerthe Güter hast getragen.
Verzichten lerne, lerne wollen wieder!
Ein and'res Wollen aber muß es sein.
Ein Wollen, das nicht klügelt und nicht zagt,
Das unbedenklich in den Strom der Zeit
Sich stürzt und seinem meergrundtiefen Ziele
Mit allen Kräften zustrebt. Und dies Ziel,
Dies leuchtende, brauch' ich es dir zu nennen?
Dein Auge blitzt, die Schwingen deiner Seele
Erraffen sich auf's Neu.. Hurrah! Gewonnen!

(Wallner und Hermann sinken sich in heftiger Bewegung in die Arme.)

Fritz.

Hurrah! Blitzjunge, Hermann, finst'rer Schweiger!
Du predigst heute wie ein Gott.

Wallner (den Freunden die Hand reichend).

Hab' Dank;
Habt Beide Dank! Nun wird es wieder helle.
Das grinsende Gespenst des Todes weicht.
Der kalte Trost der Weisheit, er vermochte
Den Aufschrei des empörten Herzens nicht
Zu übertönen; doch da Aug' in Aug' ich
Euch gegenüberstehe, fühle ich
Wie aus den festen, treuen Freundesaugen
Ein Strom von Kraft sich in mein Herz ergießt,
Und wie beim kräftigen Klang der Freundesstimme
Der Drang des Lebens neu in mir erwacht.
Ja leben will ich, doch auf Sturmeswogen,
Auf glatter See nicht mehr, denn gährend jagt
Das Blut in meinen Adern.

Hermann.

Sorge nicht!
Auf meinen Wegen weht kein milder Hauch.
D'rum folge mir! Wir müssen fort. Ich habe
Bestimmte Nachricht, daß man uns, wie Alle,
Die man als Leiter oder Freunde der
Bewegung kennt, versorgen will, — du weißt
Wohl wie und wo. Freund Nordau, der nun bald
Minister werden soll, nimmt uns'rer sich
Besonders eifrig an — und jede Stunde
Verzug kann uns die Freiheit kosten. Morgen
Verlassen heimlich wir die Stadt.

Fritz.

Gottlob!
Wir wandern aus! Ein neues Leben wollen
Wir schuldenfrei beginnen.

Wallner (zu Hermann).

Welches Ziel
Hast du?

Fritz.
Du fragst noch? Weißt du nicht, wir haben
Ein schönes Schloß in Spanien.

Hermann.
Schweige, Fritz!
(Zu Wallner.)
Vertraue mir! Für Alles ist gesorgt.
Uns dienen tausend hilfbereite Hände. —
Man überwacht uns, d'rum zur Sicherheit
Verlassen einzeln wir auf Nebenwegen
Die Stadt. Beim Försterhaus, das öfters wir
Zur Sommerszeit besuchten, führt ein Waldweg
Hinauf zu einem Kreuz von Stein —

Wallner.
Ich weiß,
Auf lichter Stelle steht's, am Bergesrand,
Mit freiem Ausblick auf die Stadt.

Hermann.
Dort treffen
Wir morgen uns vor Sonnenuntergang.
Du kommst?

Wallner.
Gewiß!

Hermann.
Nimm keine Hoffnungen
Mit dir! — Es ist ein furchtbar ernster Schritt,
Mein Freund, und nur mit freier, ganzer Seele
Sollst du ihn thun, denn wenn du ihn gethan,
Dann führt dich keine Brücke mehr zurück
In's hoffnungsfreudige Leben.

Wallner.
Ohne Hoffnung
Und frei von Furcht ist meine Seele, Freund!
Ein todessich'rer Gladiator steige

Ich auf des Kampfes blutige Arena,
Nicht lauschend auf der Menge Beifall, Sieg
Und Ruhm nicht hoffend, nur ein tapf'res Sterben.

Fritz.

So wollt ihr meiner ganz vergessen, Freunde
Und Brüder mit den ernsten Kämpfermienen?

Hermann.

Du willst mit uns? Wir zieh'n in's Elend, Freund!
Auf uns'ren Wegen blüh'n nicht deine Freuden.
D'rum besser, wenn du bleibst.

Fritz.

Wohin's auch sei,
Ich folge euch mit heit'rem Muthe. Macht
Nun was ihr wollt mit dieser schlechten Welt,
Ich liefere sie euch aus; ich finde mich
Allüberall zurecht und zieht ihr auch
Nicht g'rade in's gelobte Land, laßt mich
Doch nicht allein zurück in Babylon!
Ich bin im zwanzigsten Semester jetzt
Und hätt' nun ausstudirt, obwohl ich Eines
Noch immer nicht versteh': Warum die Menschen
Sich in der Lieb' so desperat geberden?
Ich lieb' nur glücklich. Laßt euch die Geschichte
Erzählen von der jungen Witwe. —

Hermann (mit scheinbarem Unwillen).

Fritz!
Wie oft erzählst du uns noch die Geschichte?

Fritz.

Nun gut! Doch sprich mir nicht vom Scheiden, Hermann!
Denn nur zu Dreien ist das Leben schön.
Freund Wilhelm bläst die sanfte Flöte und
Du, Hermann, brummst den groben Baß, doch ich,
Ich pfeife auf dem hohen Clarinett.

Das stimmt doch wunderbar zusamm'! So wandern
Wir musicirend in die weite Welt;
Drei Instrumente — eine Melodie.

    Hermann (mit erzwungenem Ernst zu Wallner).
Der Mensch ist unverbesserlich. Was soll
Mit ihm gescheh'n? Entscheide du!

      Wallner.
         Ich glaube,
Wir würden Beide ungern ihn vermissen.
An treuen Seelen mangelt's in der Welt.

      Fritz.
Ich geh' mit euch! Juchhe! Damit ihr seht,
Wie treu ich's meine, theil' ich jetzt mit euch
Hier diese Flasche.
   (Er zieht aus der Rocktasche eine Weinflasche hervor.)
        Sie verdient Vertrauen!
Sie stammt von einem bied'ren Wirth, der sich
Damit um meine Gönnerschaft bewarb.
Kommt, leert auf dem Altare uns'rer Freundschaft
Mit Andacht sie.
   (Er stellt die Flasche auf den Tisch und sucht in einem Schrank.)
       Freund Wilhelm, hast du auch
Drei ganze Gläser noch in deinem Hausrath?
Gottlob!
   (Er nimmt drei Gläser aus dem Schrank, stellt sie auf den Tisch und
       füllt sie an.)
    So! Tretet an! Heut' lasse ich
Den Trinkspruch los und dir zu Ehren, Wallner!
Was war vor einer Stunde dir das Leben?
Und nun — vom Abgrund des Verzagens hebt
Es wieder dich empor auf seine Wogen.
Da seht ihr, was der Mensch dem Menschen ist!
Die Liebe hat nicht Dauer und das Glück
Ist falschen Sinnes, Ruhm und Ehre reizen

Der Seele Hunger nur, statt ihn zu stillen.
Im Bunde echter, treuer Männerherzen
Ist Freud' und Glück und Dauer bis an's Ende.
Die Geisterstunde schlägt! Jetzt weihen wir
Den Freundschafts= und den finst'ren Rachebund.
Kommt, Hand in Hand und Aug' in Aug' geloben
Wir bei den Göttern, die uns nie geliebt,
Wir wollen treu zusammensteh'n in guten
Und insbesondere in schlechten Tagen.
(Die Freunde stoßen abwechselnd mit einander an und schütteln sich
unter lauten Prositrufen herzhaft die Hände.)

Verwandlung.

(Ein lichter Platz auf waldiger Bergeshöhe mit freiem Ausblicke nach dem Hintergrunde. In der Mitte ein steinernes Kreuz mit stufen= förmigem Sockel; von rechts und links führen Pfade zum Kreuze. Fern im Hintergrunde gewahrt man die Stadt. Heiterer Sommerabend.)

(Anna tritt aus dem Walde von rechts auf, vorsichtig und ängstlich um sich blickend.)

Anna (nach Athem ringend, abgebrochen).
Dies ist die Stätte, ja! — Noch Niemand hier.
Gottlob, ich kam zur Zeit, noch scheint die Sonne.
(Sie setzt sich an den Fuß des Kreuzes.)
O süße Rast nach dieses Weges Müh'n!
Den steilen Pfad, auf rauhem Steingeröll,
Durch Dorngebüsch, in athemloser Hast!
(Sie lehnt, heftig Athem schöpfend, den Kopf an das Kreuz.)
Betäubend wallt im Kopf das heiße Blut.
O spende Kühlung, kalter Stein!
(Sich plötzlich halb aufrichtend und aufmerksam nach rechts horchend.)
Sie nah'n!
Sind's Schritte? Nein! Des Waldes Rauschen ist's.
Doch sind sie wohl nicht ferne mehr, die Sonne

Steht tief im Westen schon. Mir wird so bange. —
Was that ich? Gott! Des Weibes Scheu und Scham
Erstickte ich in wilder Herzensgluth.
Der Bruder wird mir zürnen und von ihm,
Von ihm wird Hohn mich und Verachtung treffen.
Noch kann ich flieh'n. Wo berg' ich mich? Ach, einmal,
Nur einmal noch wollt' ich sein Antlitz schauen,
Dem milden Klange seiner Stimme lauschen,
Ein Wort zum Abschied noch und dann, o Gott!
(Zum Kreuze aufblickend.)
Gekreuzigter, erbarmungsreicher Heiland!
O sende Trost in mein gequältes Herz!
Und wenn es Sünde war, daß meine Seele
Ein irdisch Liebessehnen ganz erfüllte,
Vergib, vergib! Was kann mein Herz dafür!
(Kurze Pause. Hermann tritt von rechts auf. Anna geht ihm rasch
entgegen.)

Hermann.

Was seh' ich? Du bist es? Allein, den weiten
Und mühevollen Weg?

Anna.

O zürne nicht!

Hermann.

Sag', warum that'st du das, mein Schwesterchen?

Anna.

Noch einmal dich zu seh'n. Du geh'st so weit,
Ich bleib' allein.

Hermann.

Ich komme wieder, Anna!
D'rum sei nicht bange.

Anna.

Ach, wie gerne wollte
Wohin's auch sei, mit dir ich gehen, Bruder!

Hermann.
Das kann nicht sein, mein Kind! Sei guten Muth's!
Ich sorge in der Ferne auch um dich.
    (Sie näher betrachtend.)
Wie hat der arge Weg dich zugerichtet!
Die bösen Dornen, Händ' und Wangen haben
Sie dir verletzt; hier wund geritzt und hier —

Anna.
Ich nahm, um sicher dich noch hier zu treffen,
Den kürzern Weg.

Hermann.
   Dir ist nicht wohl, du fieberst.
Sieh mir in's Auge, Schwester! Sag', du kamst
Nicht meinetwillen bloß?

Anna (verbirgt ihr Antlitz an Hermanns Brust).
Ach Bruder!

Hermann.
    Anna!
Hab' keine Scheu vor mir! Es liegt dein Herz
Mir offen wie ein klarer Sternenhimmel.
Du littest heimlich und ich ehrte schweigend
Dein Leid. Der Liebe wehrt kein ernstes Mahnwort.
Sei stark, mein Kind!

Anna.
   Du bist so milde, Bruder!
Du zürnst mir nicht?

Hermann.
   Nicht dir, doch jener Macht,
Die launenhaft der Liebe Drang und Qual
Den Menschenherzen zutheilt, könnt' ich zürnen.
Vergiß nicht, Schwester, daß in uns'rer Welt
Die Armuth noch die Unbill der Mißachtung
Zu tragen hat und daß die Dürftigen
Mit reichem Herzen zwiefach darben müssen.

Sei stark, mein Kind! Die Stunde der Erlösung
Ist der enterbten Menschheit nicht mehr ferne.
Zu kämpfen für das Recht der Armen zieh'n
Wir aus; d'rum grolle meinem Freunde nicht!
Auch er ist arm und elend nun wie du.
Sei muthig, fasse dich! O weine nicht!
Nicht jetzt, vor ihm nicht, — besser wär' es sonst,
Du säh'st ihn nimmer.

Anna.

Ja, so laß uns scheiden!
Leb' wohl, leb' wohl, mein Bruder! Sag' ihm — ach!
Soll ich ihn niemals, niemals wiederseh'n?
Weh' mir! Mein Herz zerspringt. Ich kann nicht scheiden!
Ich kann nicht! Hab' Erbarmen mit mir, Bruder!

(Sie sinkt, von Schmerz überwältigt, beim Kreuze zusammen.)

Hermann.

Unsel'ger Liebeswahn! Tyrann, der grausam
Und sinnlos Menschenherzen quält und foltert!
Laß' ab von diesem armen Kinde!

(Sich zu Anna niederbeugend.)

Anna!
Was ist mit dir? Erhebe dich! Bewähre
Dein starkes Herz nun im Entsagen auch.

(Anna richtet sich gefaßter wieder empor.)

Brich auf! Dein Weg ist weit; der Abend naht.
Ich darf nicht mehr zur Stadt zurück. Wir gehen
Hinauf in's Försterhaus, man wird von dort
Dich heim geleiten! Komm!

Anna (inständig).

Gewähre mir
Den Wunsch noch einmal ihn zu sehen, Bruder!

Hermann.

Dies Wiedersehen kann dein Leid nicht lindern;
Auch darfst du nicht allein zur Stadt zurück.

Anna.
Das Försterhaus ist nahe, sage dort
Mein Kommen an; ich warte.

Hermann.
Doch wenn er
Indeß erschiene?

Anna.
Ich will stark sein, Bruder!

Hermann.
Du könntest das?

Anna.
Vertraue mir! Kein Wort
Soll meines Herzens Fühlen ihm verrathen.
Ich schwöre dir's!

Hermann.
Dein Wort genügt mir, Schwester!
Nun denn, erwarte mich!
(Hermann geht nach links ab, Anna läßt sich beim Kreuze nieder, nach rechts ausblickend.)

Anna (sich plötzlich erhebend).
Er naht, er ist's! Wie soll ich ihm begegnen?
O Gott! All' meine Sinne sind verwirrt. —
(Wallner tritt von rechts auf.)

Wallner (für sich).
Noch Niemand hier?
(Anna erblickend.)
Ist's Täuschung? Nein! Sie hier,
Mein Fräulein, und allein?

Anna (verlegen).
Der Bruder ging
In's Försterhaus, er kehrt wohl bald zurück.

Wallner.

Dem Schwesterherzen fällt das Scheiden schwer.
Wie tröstlich muß es sein, in ferner Welt
So treuer Schwesterliebe zu gedenken.
Vielleicht gedenken Sie auch mein zuweilen,
Des Freundes junger Jahre?

Anna (schüchtern).

Ja, gewiß!
Da Sie des Bruders Schicksal theilen.

Wallner (Anna mit sichtbarer Theilnahme betrachtend)

Seltsam!
Wie klar und lebhaft die Erinnerung
Vergang'ner Zeiten jetzt in mir erwacht.
Wie kam es doch, daß in den letzten Jahren
In dem unsel'gen Hause wir so selten
Uns sah'n?

Anna.

Ich durfte nicht im Wege steh'n.

Wallner (Anna mit gesteigertem Interesse betrachtend).

Ist mir doch nun, als säh' ich heute Sie
Zum ersten Mal so, wie Sie mir erscheinen.
Das Bild, das die Erinnerung mir bot,
War nur ein unbestimmter Schattenriß
So holder Wirklichkeit, es mahnte mich
Bloß an ein helles Kindesangesicht,
Aus ferner, schön'rer Zeit herüberlächelnd.

Anna (traulich).

Gedenken Sie wohl auch noch jener Zeit?
Sie war für mich so reich an Glück. —

Wallner (nachdem er Anna eine Weile in zärtlicher Versunkenheit betrachtet).

Man sagt,
Daß Sterbenden in seltsamer Verklärung
Sich des beschloss'nen Lebens dunkle Gänge

Erhellen, daß im letzten Augenblick
Sich alle Räthsel des Vergang'nen lösen.
Ein Hauch von jener Geistesklarheit weht
Vielleicht in Jenen auch, die nicht vom Leben,
Die bloß von langgewohnter Stätte und
Von lieben Menschen scheiden. Dann enthüllt
Sich plötzlich manch' verkannter Menschenwerth;
Erst dann erfährt das Herz, wie fest und tief
Es in dem liebgewohnten Boden wurzelt,
Von dem es scheiden muß. Soll ich's verhehlen?
Dies Wiederseh'n erschwert mein Scheiden, Anna!

Anna.
Ich weiß wohl, wie gering ich Ihnen bin;
Doch unrecht ist es, wenn Sie meiner spotten.

Wallner.
O wähnen Sie das nicht! Mir ist vielmehr
Wie Einem, der sich selbst verklagen muß.
Empfindungen, aus langer Schlummernacht
Erwachend, fluthen plötzlich übermächtig
Mir durch die Seele; wie ein langer Irrthum
Erscheint mir die Vergangenheit.

Anna.
     Es war
Kein Irrthum. — Bertha liebte Sie und war
Nicht unwerth Ihrer; gut und edel ist
Ihr Herz, doch es erlag dem äuß'ren Zwange.

Wallner.
Gleichwie das Morgenroth die Nacht verscheucht,
So hat vor Ihrem Bilde, Anna, sich
Die Nacht des Herzens plötzlich mir erhellt.
Mich blendete ein gleißendes Gebilde
Der Welt des Scheines und der schönen Lüge,
Wo Menschen sich in seelenlose Puppen
Verwandeln und mit künstlicher Geberde
Den Schein des warmen Lebens äffen.

(Anna mit Inbrunst an der Hand fassend.)
       Anna!
Du meiner Jugend süßer, sel'ger Traum,
Noch einmal blühe auf in meiner Seele!
Nur einen Augenblick! Laß Hand in Hand
Noch einmal uns auf sonnigen Fluren wandeln,
Laß Aug' in Aug' uns liebe Worte sprechen,
Und laß uns kindlich selig sein wie einst!
    Anna (heftig bewegt).
O Gott! Ich faß' es nicht, ich weiß es nicht
Zu sagen, selig, ach, unselig auch
Zugleich, in einem Augenblick —

(Wallner zieht Anna, die ihm willenlos folgt, in seine Arme. Im selben Augenblicke erscheint Hermann wieder von links. Anna reißt sich los und eilt dem Bruder entgegen.)

    Hermann.
      Was ist
Dir, Schwester? Sag, was ging hier vor? Wir müssen
Nun scheiden.
   Anna (zum Bruder abseits).
Bruder, löse mich vom Banne
Des Schweigens! Ach, beseligt ward mein Herz
Von einer unverdienten Himmelsgabe;
Verklärt ist nun mein armes Sein für immer.
    Hermann.
Du dauerst mich.
   (Zu Wallner.)
    Wie, Freund, du wolltest wieder
Beginnen, wo du traurig erst geendet?
Willst du mein Kampfgenosse sein, dann lasse ab
Von Allem, was dir lieb! Dein Herz gehört
Der großen Sache, zieh' es nicht empfindsam
Zurück zum eigenen Gebrauche, Träumer!
   (Zu Anna.)
Dir, arme Schwester, groll' ich nicht. Das Weib,
Es kann nicht hassen, kämpfen wie der Mann;

Es kann nur lieben, dulden und entsagen.
Doch wenn du liebst, dann lieb' des Bruders würdig,
Und wenn du hoffst, dann hoffe nichts für dich!
Denn nicht des Glückes Fährte suchen wir
Auf fremder Erde, todesmuthig schreiten
Wir in das bitt're Elend der Verbannung;
Und wenn wir wiederkehren, wird die Welt
Nicht zarte Braut= und Friedenskränze flechten;
Uns leuchtet dann das Eisen in der Faust,
Und unser Schmuck sind düst're Todtenkränze.

Anna.

Weh mir! Wie nahe liegt das höchste Glück
Dem tiefsten Weh!

Wallner (zu Hermann).

     Ich darf nicht fordern mehr
In letzter Stunde, was so lange Zeit
Ich achtlos nicht geschätzt; doch wehre mir
Die schuldige Sühne nicht, verkenne herzlos
Das heil'ge Recht des Herzens nicht!

(Er faßt Anna bei der Hand und wendet sich gegen das Kreuz.)

       Hier vor
Dem Bilde des Erhabensten, der je
Des Menschendaseins Bürde trug, vor ihm,
Dem größten der verkannten großen Herzen,
Bekenn' ich meines Herzens Schuld und weihe
Ich dir, ein Hoffnungsloser, vor dem Gange
Zum Sterben meine hoffnungslose Liebe.

Anna.

O habe Dank, Allmächtiger, daß du
Mir dieser Stunde Seligkeit verleih'n!
Zu diesem Kreuze will ich dankbar wallen,
In süßer, seliger Erinnerung
Mein kurzes Glück beweinen.

Fritzens Stimme (vom Walde rechts sich nähernd, singend).
Wir wandern aus mit frohem Schall. Ade!
Die Sonne folgt uns überall. Juche!
Drei fröhlichen Brüdern, Hand in Hand,
Ist die ganze Welt ein Vaterland.
Juche! Ade! Juche!

Fritz (während der letzten Verse auf die Bühne tretend).
Sei mir gegrüßt,
Holdsel'ger Wald, du hehre Freiheitspforte!
(Sich vor Anna verneigend.)
Willkommen, Fräulein! Gott zum Gruße, Freunde!

Hermann.
Wir brechen auf nun. Kommt, wir müssen noch
Zu Thal gelangen, eh die Sonne scheidet.
Ihr wißt, man spürt uns nach.
(Sie schreiten, im Abgehen begriffen, nach links dem Hintergrunde zu in welchem die Stadt, von der untergehenden Sonne beleuchtet, nun völlig sichtbar wird. Wallner, auf die Stadt deutend, bleibt nochmals stehen; die Uebrigen, hinter ihm sich gruppirend, halten gleichfalls an.)

Wallner.
Noch einen Blick,
Noch einen letzten Gruß der Heimatstätte!
O seht, welch schöne Abschiedsstunde uns
Der Abendsonne gold'ne Gluth bereitet!
Wie glänzt so herrlich diese stolze Stadt!
Ein hehres Wunderwerk des Menschengeistes,
Und doch, welch' unermeßlich Elend birgt sich d'rin!
O wehe euch, die ihr Paläste bauet,
Und Tausenden des Obdachs Schutz versagt!
O wehe euch, die ihr dort Schätze häufet,
Wo tausend Hände um den Pfennig betteln,
Ein sieches Dasein kümmerlich zu fristen!
Vergeblich sucht das Auge der lebendig
Begrabenen in öden Mauerwänden
Des Himmels Bläue und der Erde Grün.
Ein großer Kerker bist du, stolze Stadt!

Zur Unnatur verkehrtest du das Leben.
In deinem Bann erlahmt der Flug der Seele,
Erstickt des Herzens keusche Blüthenpracht.
Dein giftiger Hauch zerfrißt des Mannes Kraft
Und bleicht die zarte Rosenglut der Scham
Im Frauenangesicht. O ihr Verirrten!
Brecht ab die Zwingburg eurer Menschenwürde
Und kehrt zurück zur Einfalt der Natur!
Zerstreuet euch, wie weit die Erde reicht!
Das Maß ist voll und euer Richter naht. —

Hermann.
Kommt! Laßt uns eilen! Schwester, lebe wohl!

Anna.
Leb' wohl, mein theurer Bruder! Gott mit euch!

(Wallner, Hermann und Anna gehen nach links ab.)

Fritz (der noch zurückgeblieben, gegen die Stadt den Hut schwenkend).
Leb' wohl, Philisterheim, und geh' in dich!
Empört verlassen heut' dich deine Besten.
Ich weih' dir eine unverdiente Thräne
Und wand're lächelnd in die Welt hinaus.

(Er geht singend ab.)

Die Welt ist weit, das Glück ist rund. Ade!
Und wer an Leib und Seel' gesund, juche!
Der rollet mit dem runden Glück
Und läßt die Lahmen all' zurück.
Ade! Juche! Ade!

(Während der Gesang allmälig verhallt, tritt Anna, mit schmerz= entstellter Miene, zu Boden blickend, langsamen Schrittes wieder auf die Bühne.)

Anna.
Er kommt ja wieder! Ach, er küßte mich!
Gewiß, er kommt, er wird nicht mein vergessen.

(Verstört um sich blickend.)

Wo bin ich denn? — Wie geht das alte Lied?
Ich sang's so oft — und kann mich nicht besinnen —
　　Es welket so manche Blume
　　Vergessen und einsam in's Grab —
(Sie bricht im Singen plötzlich ab und breitet freudig die Arme aus.)
Er liebt mich! Ja! Gewiß! Die Vöglein sangen's
Soeben auf den Zweigen, dort der Baum,
Er nickt mir zu, — der Heiland auf dem Kreuze
Neigt gnadenvoll sein Haupt und sagt, noch heute
Soll ich bei ihm im Paradiese sein. —
Er liebt mich, liebt mich! Ja!
(Sie wirft sich krampfhaft lachend zur Erde, richtet sich jedoch nach
　　kurzem, ängstlich um sich starrend, wieder empor)
　　　　　　　　　Wo ist er? Ach!
Entfloh'n! Verlassen hat er mich! Verschmäht!
Weh' mir! Wo bist du, Wilhelm? Komm! Dort steht er! —
Dort — hinter jenem Baum, — nein, hier, — jetzt dort!
Ich komme! Ach, er flieht mich! Wilhelm! Wilhelm!

(Sie eilt, nach Wilhelm rufend, links in den Wald hinein.)

　　　　　　　　(Der Vorhang fällt.)

Fünfter Act.

(Der Schauplatz ist ein großer, modern ausgestatteter Saal im Hause des Ministers von Nordau. Im Hintergrunde ein Erker mit der Aussicht auf einen großen Platz in der Stadt. Rechts und links Eingänge. Minister Nordau und Bertha, seine Gattin, stehen inmitten der Bühne einander gegenüber. Frau von Röden sitzt links in einem Lehnstuhl. Nordau, im Abgehen begriffen, reicht seiner Gattin die Hand.)

Nordau.
Leb' wohl!

Bertha.
Du blickst so ernst. — Droht dir Gefahr?

Nordau.
Ein schwerer Tag steht uns bevor. Es fluthet
Das aufgeregte Volk seit frühem Morgen
Heran von allen Seiten. Alle Zeichen
Verkünden nahen Sturm. Berufen ward
Soeben ein Ministerrath. Die Hochfluth
Der Leidenschaften brandet um das Staatsschiff,
Doch hoff' ich ungebrochen es zu retten.

Frau von Röden.
Dann ist auch uns'res Bleibens nicht. Noch heute
Verlasse mit der Tochter ich die Stadt.

Nordau.
Unsicher sind die Straßen, d'rum verlaß't
Die Wohnung heute nicht. Ich sende Botschaft
Im Falle der Gefahr; begebt euch dann
Auf dem bereitgehalt'nen Wagen eiligst
Auf uns'ren Landsitz. Nun lebt wohl!

Bertha.
                        Leb' wohl!
O schreckenvolle Zeit! Und droht dir selbst
Nicht auch Gefahr?

Nordan.
            Ich scheue keine, mir
Gebieten Amt und Pflicht, ihr zu begegnen.
Auf Wiederseh'n!
                (Geht ab.)

Bertha.
            O grause Herrlichkeit
Der Mächtigen! Nun währt seit Monden schon
Die stete Bangniß; doch was mir das Herz
Zumeist beklemmt, ist der Gedanke, Mutter:
Der Haß des Volkes schleicht um dieses Haus.
Unheimliche Gerüchte geh'n umher,
Man sähe öfters in den Abendstunden
Drei Männer spähend unser Haus umschleichen;
Zuweilen käme Einer bloß, ein bleicher
Und düst'rer Mann mit langem Bart und Haar,
Und nach den Zügen, die man mir geschildert,
Vermuth' ich fast, er ist es — der Verbannte.

Frau von Röden.
Du siehst Gespenster, Kind! Wie könnte er
Das wagen?

Bertha.
            Angst erfüllt mich, wenn ich sein
Gedenke, denn sein mildes Wesen soll
Sich, wie man hört, in haßerfüllte Wildheit
Verwandelt haben.

Frau von Röden.
            Er verdient es nicht,
Daß seiner du gedenkst.

Bertha.

Man spricht davon,
Er sei das Haupt der finsteren Verschwörung,
Die Otto's Leben und den Staat bedroht.

Frau von Röden.

Das sind bloß Ammenmärchen, Kind!

Bertha.
Vergeblich
Verhehlt man mir die Größe der Gefahr.
Ich weiß, es langen öfters Briefe an
Von unbekannter Hand, voll Haß und Drohung:
Sein und der Seinen Leben sei verfallen,
Wenn er sein fluchbelad'nes Amt nicht bald
In and're Hände lege. D'rum verfolgen
Gespenstern gleich die angsterzeugten Bilder
Des Schreckens mich bei Tag und Nacht; es macht
Mich jeder ungewohnte Laut erzittern.
O Mutter, Mutter, sieh', das ist mein Glück!

Frau von Röden.

Du theilst des Gatten hohe Ehren, trage
Auch willig deinen Antheil an den Sorgen.

Bertha.

Ich wollt' es gern, doch keines Menschen Antheil
Begehrt sein Herz; verschließt er es nicht kalt
Und fühllos selbst vor mir?

Frau von Röden.
Du thust ihm Unrecht!
Erfüllt er dir nicht jeden Wunsch?

Bertha.
Gewiß,
Jedoch mit jener Art, wie man dem Kinde,
Von dem man Störung fürchtet, schnell ein Spielzeug

Darreicht. Ich bin ihm lästig. Die Verbindung
Mit unf'rem Hause diente seinen Zwecken;
Sein Herz nahm keinen Antheil d'ran.

Frau von Röden.

Beneiden
Nicht Tausende dein Loos, das undankbar
Du schmähst?

Bertha.

Ja, das ist's, Mutter, was ich büße.
Beneidet wollt' ich sein, aus fremden Augen,
In fremder Meinung strahlen seh'n mein Glück;
Mein Herz blieb leer. Zu spät erkannte ich,
Es kann das Weib nicht ohne Liebe leben.

(Man hört Glockengeläute aus der Ferne.)

Die Kirchenglocken! Hörst du? Wäre dieß
Das Grabgeläute schon des armen Kindes?
Gedenk' ich ihrer, muß ich weinen.

Frau von Röden.

Seltsam
Erscheint mir deine Neigung zu dem Mädchen.

Bertha.

Du achtest sie gering, weil nied'ren Standes
Sie war, und dennoch sag' ich dir, ich fand
Im weiten Kreis der prunkenden Gesellschaft
Kein zweites Herz so edel, rein und reich.

Frau von Röden.

Ich hörte bloß davon, daß ihr Gebaren
In letzter Zeit recht sonderbar gewesen.

Bertha.

Du weißt, am Tage, da ihr Bruder aus
Der Stadt entfloh, mit ihm — ward sie vermißt.
Man fand sie Nachts im Walde, bange klagend

Und wirren Sinnes. Ob des Bruders Flucht
Allein so unheilvoll ihr Herz betroffen,
Man weiß es nicht. — Wohl klärte sich ihr Geist
Allmälig wieder, doch man sah seither
Sie immer traurig, still in sich verschlossen.
Ich traf sie oft in still verborg'nen Gängen
Des Gartens und im Hause, heimlich weinend.
Zu einem Kreuze, nah' der Stadt, im Walde
Auf einer Felsenhöhe ging sie öfters
Allein. Dort traf man sie, es war ein kalter
Und stürmisch rauher Tag im letzten Herbste,
Vor Frost erstarret auf den Knieen liegen,
Die Arme um des Kreuzes kalten Stein
Geschlungen, in des Wetters herber Unbill.

Frau von Röden.
Das arme Kind! Und warum that sie das?

Bertha (zögernd).
Ich weiß nicht — doch ich kenn' ein Leid, woran
Manch Frauenleben in der Blüthe stirbt.
    (Nachdem sie eine Weile versunken vor sich hingestarrt.)
Doch höre weiter! Halb bewußtlos brachte
Man damals sie von jenem Kreuze heim.
Seit jenem Tage welkten ihre Wangen
Und Fieberschauer wühlten, gierig zehrend,
In ihrem blühend schönen Leib; doch nimmer
Erlosch der Augen seltsam milder Glanz;
Er wuchs von Tag zu Tag, durchleuchtete
Mit überird'schem Schein das blasse Antlitz,
Und als sie sterbend mir die welke Hand
Zum Abschied reichte, sprach noch einmal leise
Sie seinen Namen und verschied.

Frau von Röden.
              Weß Namen?

Bertha (die Frage scheinbar überhörend).
Ein Bote überbrachte heute Morgens
Zwei Kränze für den Sarg; er wußte nicht
Zu sagen, wer sie sandte. Auf den Schleifen
Des einen Kranzes stand: Dem armen Kinde
Vom armen Mann.
(Das Glockengeläute beginnt neuerlich. Man hört einen gedämpften Trauermarsch.)
Nun trägt man sie zu Grabe.
(Bertha begibt sich zum Erker und blickt hinaus.)
Der Platz ist überfüllt mit Menschen. Reich
Bedeckt mit Kränzen ist der Sarg. O Anna!
Du liebliche Genossin meiner Jugend!
Leb' wohl! Leb' wohl!

Frau von Röden (die Hände faltend).
Wir wollen für sie beten.

(Bertha, welche inzwischen ganz nahe an den Erker herangetreten war, fährt plötzlich mit einem lauten Aufschrei zurück und stürzt zur Mutter hin.)

Bertha (hastig und angstvoll).
Er ist's! Ich sah ihn. Todtenbleich, das Haupt
Entblößt, die Haare wirr im Winde flatternd,
Den hohlen Blick der Bahre zugewendet,
Und dann, wie kalter Stahl, auf mich gezückt.
Mich schauert. Mutter, laß die Thüren schließen!
Sieh' hin! Er kommt! O schütze mich vor ihm!

Frau von Röden.
Beruhige dich, Kind! Vielleicht war's nur
Ein Wahngebilde.

Bertha.
Nein! Hörst du? Er kommt!
Verschließ die Thüren! Mutter, rette mich
Vor seinem Racheblick! Du riethest mir. —
Mich friert.

Frau von Röden.

Dir ist nicht wohl, mein Kind! Begib
Zur Ruhe dich! Komm, folge mir!
(Bertha, auf die Mutter sich stützend, geht mit derselben nach links ab. Man hört Lärm vom Platze her.)

Bertha (während des Abgehens).

Hörst du?

Frau von Röden (hinausblickend).

Was sammelt sich die Menge? Welch ein Lärm?

Bertha.

Wo ist er? Siehst du ihn?

Frau von Röden.

O sieh nicht hin!
Komm! Du bedarfst der Ruhe.
(Beide ab.)
(Der Lärm wächst. Man hört Trommelwirbel aus der Ferne. Kurz nach dem Abgange der Vorigen treten zwei Diener von rechts eilig ein, rücken hastig die Möbel im Saale zurecht, zeitweilig neugierige Blicke durch die Fenster im Hintergrunde werfend.)

Erster Diener.

Heut' wird es Ernst.

Zweiter Diener.

Mach' hurtig! Excellenz
Fuhr eben vor mit anderen Herren noch
Von der Regierung.

Erster (auf den Platz deutend).

Sieh! Was geht da vor?
Dort, an der Straßenmündung, reißt die Menge
Das Pflaster auf.

Zweiter.
Zum Barricadenbau.

Erster.
Dort rücken Truppen an!

Zweiter.
Mach fort! Man kommt.

(Man hört Schritte und Stimmen vom Eingange rechts. Diener öffnen die Flügelthüren und es erscheinen die Minister Adlerberg und Nordau, ein General, gefolgt von mehreren Personen in Amts- und Militäruniformen auf der Bühne.)

Nordau (zum General).
Erklärter Aufruhr ist's und Ihre Truppen
Seh'n thatlos zu?

General.
Ich habe keine Ordre.

Adlerberg.
Noch ist's nicht an der Zeit, Gewalt zu brauchen;
Noch kann durch Mäßigung der off'ne Kampf
Vermieden werden.

Nordau.
Nein! Genug des Schwankens!
Jetzt heißt es kräftig handeln. Seh'n Sie hin!
Wir stehen vor der äußersten Gefahr.
Dort baut man Barricaden, dort entfaltet
Sich frech des Aufruhrs Fahne.

General.
Unser Zögern
Macht dreister nur die Menge und gewährt
Die Zeit ihr, sich zu waffnen und zu ordnen.

Nordau.
Darum kein Säumen mehr!

Diener (eintretend).

Drei Abgesandte
Des Volkes wünschen Eure Excellenz
Zu sprechen.

Nordau.

Man verhafte sie!

Adlerberg.

Nicht klug
Und nicht gerecht wär' dieser Schritt; er böte
Nur neuen Zündstoff der erregten Menge.

Nordau.

Ich unterhandle nimmer mit Empörern.

Adlerberg.

Und wenn als Friedensmittler sie erschienen?

Nordau.

Auch dann nicht! Die Regierung darf um Frieden
Nicht bitten, wenn sie ihn erzwingen kann.
Das Schwert entscheide!

Adlerberg.

Nun, so falle denn
Auf Ihren Namen all die Last des Unheils,
In das allein Ihr maßlos starrer Sinn
Den Staat und die Gesellschaft stürzte; — ich
Mag an dem Weit'ren keinen Antheil haben.

(Man hört beistimmendes, sowie mißfälliges Gemurmel aus dem
Gefolge.)

Nordau (zu Adlerberg).

Sie nehmen Abschied? Wohlgethan, denn Ihre
Mattherzigkeit gab Muth der feigen Menge.
Ich habe unbeschränkte Vollmacht und
Verzichte nun auf Ihren fern'ren Beistand.

(Adlerberg und ein Theil des Gefolges entfernen sich.)

Nordau (zum General, ihm ein Blatt reichend).
Herr General! Hier ist die Ordre. Lassen
Sie Ihre Truppen vorgeh'n, ohne Schonung!

General.
Die Truppen steh'n bereit. Ich sende gleich
Befehl, den Platz zu säubern. (Ab.)

Diener (eintretend).
Excellenz!
Ein Herr ersucht auf's allerdringendste
Um kurze Audienz, doch ohne Zeugen.
Hier seine Karte.

Nordau (nachdem er die Karte besichtigt).
Was? Er wagt es, er?
Wohlan! Er komme! Man geleite ihn
Hieher und stelle Wachen vor den Eingang!
Ein Haupt der Rotte ist in uns'ren Händen.
Er darf nicht frei von hinnen mehr. Sobald
Ich rufe, ist er zu verhaften.

(Das Gefolge entfernt sich.)
Wahrlich!
Der Mann hat Muth. Dies Wiedersehen ist
Nicht ohne Reiz, doch mahnt's zur Vorsicht.

(Er legt einen Revolver, den er bei sich getragen, auf ein Tischchen neben sich und erwartet Wallner in fester, vornehmer Haltung. Die Eingangsthür rechts wird geöffnet, Wallner tritt herein; sein Antlitz ist bleich, Haare und Bart lang, der Anzug etwas vernachlässigt. Die Beiden stehen sich einige Augenblicke mit festem, ernstem Blicke schweigend gegenüber.)

Nordau (barsch).
Nun?
Was ist Ihr Wunsch? Doch kurz, denn meine Zeit
Ist kostbar.

Wallner.
Deine Zeit ist bald vorbei.
Ich bin der letzte Audienzbewerber.

Nordau (höhnisch).

Der Letzte wahrlich, denn ich pflege sonst
Mit Leuten Ihrer Art nicht zu verkehren.
D'rum kurz! Was wollen Sie?

Wallner.
                Dich retten,
Dich und die tausend Menschenleben, denen
Der Todesengel drohend naht.

Nordau.
Mich retten willst du, mich? Im Ernste? Wähnst du,
Armseliger Bettlerkönig, mich zu schrecken?
Hältst du mich für so kindisch, um mit dir
Romantische Großmuthsscenen aufzuführen?
Thor, der du bist, du rennst in dein Verderben!

Wallner.
Du höhnst mit Unrecht mich. Der Freundschaft, die
Ich längst begraben, aber nicht vergessen,
Wollt' ich noch eine Grabesspende weih'n. —
Verschmäh' sie nicht! Denn diese Stunde noch
Wird dein und uns'res Volkes Schicksal wenden.

Nordau.
Fürwahr! Wenn aller Welt der Spaß vergeht,
Die hocherhab'nen Seelen bieten uns
Doch immer Stoff zum Lachen.

Wallner.
                      Nur zu bald
Wird es entschieden sein, wer von uns Beiden
Den grimmen Ernst des Augenblick's verkannte.
So wisse denn: Dich hat des Volkes Haß
Zu seinem Opfer auserwählt. Bewacht,
Umringt von allen Seiten ist dies Haus.
Von tausend Händen drohet dir der Tod,
Sobald du es verläßt.

Nordau (spöttisch).
                                Du hast fürwahr
Recht liebe Freunde.

Wallner.
                        Was auf Erden mir
Noch lieb war, senkte heute man in's Grab.
Gescheitert bin ich überall, wo ich
Dem Drang des Herzens folgte; grausam trieb
Die Welt den Hassenden mich in die Arme.
Kein Mitleid hätte ich für dein Geschick,
Säh' ich in dir den Volksfeind bloß, doch du
Bist mein Feind, darum kam ich dich zu warnen.
Nur Eines kann dich retten: Widerrufe
Sofort den Auftrag, den den Truppen du
Gegeben, lege Amt und Würden nieder!
Doch ohne Säumen! Jetzt, sogleich! Dann führe
Ich sicher dich durch das empörte Volk,
Und triumphirend, wenn dem Götzen der
Gewalt du abschwörst, dem du feil gedient,
Und wiederkehrst zur bess'ren Ueberzeugung.
D'rum zög're nicht, wenn dir dein Leben lieb!
Die Zeit ist kurz und man erwartet mich.

Nordau.

Man wartet dein' vergebens. Sag', bist du
Zu Ende?

Wallner.
            Ja! Entscheide dich!

Nordau.
                        Ich that
Dir Unrecht, armer Mann! Nun seh' ich klar,
Du bist, Gottlob, kein Staatsverbrecher, nein!
Der Arm der strafenden Gerechtigkeit
Läßt ab von dir und übergibt dich schonend
Den Händen jener Kunst, die menschenfreundlich
Sich der Gesundung kranker Geister widmet.

Zu deinem Heil, zu deiner Sicherheit
Muß ich dich jetzo in Gewahrsam bringen.
Sei deshalb unbesorgt!

Wallner.

Unwürdiges Spiel
Treibst du in deiner kläglichen Verblendung!
D'rum eh' der letzte Augenblick verrinnt,
Beschwör' ich dich noch einmal, wende ab
Das Unheil, das dir droht! Gebiete Einhalt
Den Truppen! Lege Amt und Würden nieder!
(Er nähert sich Nordau.)

Nordau.

Hinweg, wahnwitziger Schwätzer! Allzulange
Verschwende ich die Zeit an dir.
(Er schreitet, Wallner abwehrend, dem Eingange rechts zu. Wallner
hält ihn zurück.)

Wallner.

Verlasse
Nicht diese Stätte! Nein! Bei deinem Leben!

Nordau.

Ich wollt' dich schonen, doch du zwingst mich zur
Gewalt.

Wallner.

Dein Arm reicht nicht zu mir hinan.
(Auf den Platz nach dem Hintergrunde deutend.)
Sieh' hin! Heut' bin ich mächtiger als du.
Dies ungeheu're Menschenmeer — ein Wink —
Und es erbraust in wildem Sturm und wälzt
Zerstörend sich auf Alles, was ihm trotzt.

Nordau.

Es ist umhegt von einem starren Damm
Von Truppen, d'ran der Wogen Wuth zerschellt.

Wallner.
Der Damm ist unterwühlt. Die Ueberzahl
Der Truppen steht mit uns im Bunde.

Nordau.
                        Was?
Verrath?
(Durch den Eingang rechts, den er hastig öffnet, hinausrufend.)
Die Wachen vor!

Wallner.
            Umsonst! Gib auf
Dein unrettbares Spiel!
(Ein Officier mit mehreren Bewaffneten tritt ein.)

Nordau (zum Officier).
            Der Commandant
Vom Platze hat sofort hier zu erscheinen!
Man sende um beritt'ne Ordonnanzen!

Wallner (zum Erker eilend).
Erfüllen möge denn dein Schicksal sich!
(Er feuert aus einem Revolver einen Schuß durch ein offenes Erker-
  fenster ab und gibt sodann Zeichen und Winke nach unten.)
Vorwärts, Genossen! Vorwärts! Zu den Waffen!
(Vom Platze her erhebt sich starker Lärm von Menschenstimmen. Man
  hört Hurrahrufe. Einzelne Schüsse fallen.)

Nordau (zu den Bewaffneten, die erschrocken zurücktreten).
Verhaftet ihn! Legt ihn in Eisenbande!

Wallner (mit vorgehaltenem Revolver gegen die Wache).
Zurück! Des Todes ist, wer sich mir nähert.
(Ein Diener tritt hastig ein.)

Diener.
Entflieh'n Sie! Retten Sie sich, Excellenz!
Der Pöbel bringt in's Haus, man plündert, mordet!
(Die Wachen verlassen eilig den Saal.)

Nordau.
Wo sind die Frau'n?

Diener.
Sie konnten nimmer flieh'n.
Das Haus ist rings umstellt.

Wallner.
Sei ohne Sorge!
Die Frauen steh'n in meinem Schutz, doch dich
Kann ich nicht schützen. Fliehe, birg dich vor
Der Wuth des Volkes, denn es gilt dein Leben!

Nordau.
Hast du mich jemals feig geseh'n? Ich weiß
Zu kämpfen und zu sterben.
(Er ergreift den auf dem Tische liegenden Revolver.)

Wallner.
Flieh, bevor
Das Volk hier eindringt!

Mehrere Stimmen (von außen).
Wo ist der Minister?
Nieder mit ihm!
(Bewaffnetes Volk dringt in den Saal.)

Wallner (der Menge entgegentretend).
Zurück! Befleckt die Waffen
Der Freiheit nicht mit Mord!
(Wallner wird von der anschwellenden Menge abseits gedrängt.)

Mehrere Bewaffnete (auf Nordau eindringend).
Hier ist er! Nieder
Mit ihm!

Nordau.
Ihr seid die Freiheitshelden? Mörder,
Banditen seid ihr!

Mehrere Bewaffnete.
Schlagt ihn nieder!

Nordau (mit vorgehaltener Waffe).
Tod für Tod!

(Nordau wird während des sehr rasch und lebhaft sich abwickelnden Tumultes von der Menge, die ihn zu umringen sucht, nach links gedrängt. Es fällt ein Schuß. Nordau sinkt zusammen. Die Menge weicht zurück. Hermann, Fritz mit mehreren Bewaffneten dringen in demselben Augenblicke in den Saal.)

Hermann (mit kräftiger Stimme in die Menge rufend).
Zur Barricade eilt! Die Truppen
Umzingeln uns! Fort! Auf zur Barricade!

Stimmen aus der Menge.
Kommt fort! Wir sind umzingelt! Rettet euch!

(Das bewaffnete Volk drängt sich eilig durch den Ausgang rechts. Wallner, Hermann und Fritz mit einigen Begleitern bleiben zurück).

Fritz (Wallner erblickend).
Da bist du? Freund, dein Wagniß machte uns
Besorgt um dich.

Hermann.
Doch wo ist der Minister?

Wallner (bewegt auf Nordau's Leichnam deutend).
Sieh hier!

Hermann.
Was ist das? Todt?

Wallner.
Vergeblich wehrte
Dem haßerfüllten Volke ich, um ihn
Zu retten.

Hermann.
Tausend namenlose Helden
Verbluten heut' auf sein Geheiß.

Wallner.
Er starb
Als Mann, bewehrt, erhob'nen Hauptes. Laß't
In ihm uns ehren, was er einst uns war.
(Sie entblößen sämmtlich die Häupter.)

Hermann.
So war er auch als Feind noch achtenswerth.
Ein tapf'res Sterben adelt jedes Leben.
Laß't uns den Todten dort auf's Ruh'bett legen
Und dann zur Arbeit wieder! Hört ihr's brausen?
(Sie legen den Leichnam auf ein links an der Wand stehendes Ruhebett.)

Die Stimme Bertha's (vom Eingange links hörbar).
Ermordet hat man ihn? O laßt mich hin!
Ich scheue nicht den Tod.

Wallner.
Hört? Eine Stimme
Vernahm ich, deren Klang mein Innerstes
Erschüttert. Bleibe starr, mein Herz!
(Bertha, mit verstörtem Aussehen, tritt ein und eilt, ohne die Anwesenden zu beachten, auf den Leichnam ihres Gatten zu, vor ihm in die Kniee sinkend.)

Bertha.
Mein Gatte!
Ermordet! Kalt und blutig wie die Welt,
Die mich umgibt.
(Gegen die Anwesenden gewendet.)
Und ihr, was steh't ihr da
So stumm und reglos? Fühlt ihr Mitleid, Mörder,
Mit eurem Opfer!
(Sich erhebend.)

Warum schon't ihr mein?
Entehrt mich nicht durch euer Mitleid! War
Ich nicht sein Weib? Ich theile sein Geschick.

(Wallner, bisher von Bertha unbemerkt, tritt aus der Gruppe hervor.
Bertha ist bei seinem Anblick wie von Entsetzen erstarrt und stiert mit
abwehrend vorgehaltenen Armen ihn unbeweglich an.)

Bertha.

O Grau'n! Was willst du, düst're Mahngestalt
Durchweinter Nächte, reuig banger Träume?
Dämon der Rache, bleicher Todesengel,
Holst du die Braut dir? Gnade! Tödte mich,
Doch wende ab den Blick, aus deinen Augen
Ergieß't sich's auf mein Haupt wie Flammengluth.

Wallner.

Ich komme nicht als Rächer in dies Haus.
Das Schicksal hat für mich das Rächeramt
Verseh'n; es war ein allzuharter Richter.
Bald trifft auch mich sein rauher Wetterschlag.
Schon rauscht es in den Höh'n wie Todtenklänge
Und bange sagt's die inn're Stimme mir:
Der Irrweg meines Lebens geh't zu Ende.

(Er tritt nahe an Bertha heran, ihr die Hand reichend und auf den
Todten deutend.)

Hier vor dem bleichen Zeugen reich' ich Ihnen
Versöhn't die Hand. Ward doch auch mir Vergebung
Für meine Schuld an Jener, die man heut'
Zu Grabe trug!

Hermann (zu Wallner).

Gedenke deiner Pflichten!
Wir brauchen Arme heut', nicht Herzen. Komm!

Wallner.

Du mahnst mit Recht.
(Zu Fritz.)
In deinen Schutz, mein Freund,
Sei dieses Haus gestellt. Verweile hier,
Bis die Gefahr vorbei.

Hermann.
Wir stellen Wachen,
Vor's Haus. Kommt! Vorwärts, Freunde!
(Hermann mit dem Gefolge von Bewaffneten geht ab.)

Wallner (im Abgehen begriffen, reicht Bertha bewegt die Hand).
Lebe wohl!

Bertha.
O gib mir Worte, Gott, gib mir den Muth,
Es ihm zu sagen, was mein Herz bewegt.

Wallner.
Mit jenem Todten sarge ein dein Herz!
(Wallner geht ab. Fritz, welcher vor Bertha respectvoll in den Hintergrund zurücktritt, bleibt zurück.)

Bertha.
Vorbei! Vorüber Alles? Fast erscheint's
Mir wie ein wirres Traumbild, säh' ich nicht
Den Todten dort. O Grauen! Welche Regung
Entsteigt dem Abgrund meines Herzens! Wie
Zum Tage des Gerichtes steigt sie auf
Die eingesargte Leidenschaft! — Was sprach er
Von seiner Schuld an Jener, die man heute
Zu Grabe trug? Wär's Anna! Ja! Das war es,
Warum aus Wort und Blick nicht Haß, noch Liebe
Mehr sprach. — Vergebung mir, sonst nichts! Vergebung!
O welch ein ödes, leeres Wort!
(Fritzen gewahrend.)
Was will
Der Mann dort?

Fritz (näher tretend).
Gnädige Frau, entschlagen Sie
Sich aller Furcht vor mir.

Bertha.
Hinweg, Verweg'ner!

Fritz.

Ich bin ein stiller Mann, zu wenig noch
Gewürdigt, fast zu gut für diese Welt.

Bertha.

O Qual! Sind Alle fort? Bin ich allein?

Fritz.

Als Schützer dieses Hauses bin ich da.
Ich theile Ihren Schmerz um diesen Todten.
Wir waren Freunde einst, manch' schöne Stunde
Vereinte uns in sel'ger Jugendzeit.
Hier diese welke Hand, wie oftmals ruhte
Sie warm und fest in meiner. Doch es trennten
Sich uns're Wege; ihn zog's aufwärts stets
Zur großen Welt, ich blieb im stillen Thale.
Er ward Minister, mich hat dieses Schicksal
Verschont, und nun, o armer, armer Freund!
(Bertha's Scheu hat sich allmälig gemildert und sie hört Fritzen, der mehr zu sich selbst zu sprechen scheint, mit wachsendem Interesse zu.)
Nun soll ich auch die Ander'n noch verlieren!
Da stürmen sie zur Schlachtbank, lassen sich
Die Köpfe spalten, als ob sie vom Heil
Der Welt noch etwas hätten nach dem Tode!
Wie sich das blutige Würfelspiel auch wendet,
Es bleibt zuletzt doch nur der alte Jammer.
Vertheilte man in völlig gleichen Schüsseln
Die Freudensuppe auf dem Tisch des Lebens,
Und wär' auch Keiner unterthan dem Andern,
Es stürben Kampf und Hader doch nicht aus;
Man würde um den bess'ren Appetit
Und um die schön're Nase sich beneiden.

(Er blickt hinaus.)

Kein Ende noch! Dort an der Barricade
Geht's wieder los. Die Truppen rücken vor;
Die Menge schwankt, verläßt die Schutzwehr, eilt
Zurück; — doch nein, ein kleines, tapf'res Häuflein
Geht wieder vor, beherzt, an ihrer Spitze

Ein Mann mit hochgeschwung'ner Fahne. Ja,
Er ist es!

            Bertha.
Wer?

            Fritz.
            Wilhelm! Mein wack'rer Freund!
Kein Anderer! Sein volles Haar umwallt
Das bloße Haupt gleich einer Löwenmähne.
Die prächtige Gestalt! Jetzt steigt sie rasch
Empor, gebietend, hält die Fahne hoch,
Und wieder sammeln sich auf seinen Ruf
Die Flüchtigen und klettern auf den Wall.
Aus hundert Feuerschlünden blitzt es grell
Und Rauch umwallt die kämpfenden Gestalten.

            Bertha.
Doch er? Was ist mit ihm?

            Fritz.
            Der Pulverdampf
Verwehrt den Ausblick, nur die Fahne seh' ich.
Jetzt sinkt sie, fällt —

        Bertha (mit leidenschaftlichem Interesse).
            Sie fällt? Und er?

            Fritz.
                    Nein! Jetzt
Erhebt sie sich auf's neu'.
        (Frau von Röden tritt ängstlich und verstört von links auf.)

            Frau von Röden.
            Mein Kind, du lebst!
Gottlob!
        (Aengstlich auf Fritz deutend.)
    Wer ist das? Droht uns noch Gefahr?

Fritz.
Zu Schutz und Diensten bin ich da.

Frau von Röden.
O Jammer!
Ermordet hat man deinen Gatten. Ach!
Mein armes Kind!

Bertha.
Ach, Mutter! Fluche mir!
Verkehrt zur Unnatur hat sich mein Herz.
Ich habe keine Thränen für den Todten. --

Frau von Röden.
Was sprachst du? Ich versteh' dich nicht, mein Kind!

Bertha.
Das bange Traumbild ward zur Wirklichkeit.
Der bleiche Mahner meiner Seele, leibhaft
Erschien er mir. Hier sah und sprach ich ihn.

Frau von Röden.
Was soll's? Was ist er dir?

Bertha.
Ach Mutter! Niemals
Erkanntest du der Tochter Herz. Was ist
Er mir? Ein Fluch, ein Dämon, Abgott, Alles!
Er läßt sein Opfer nicht. Hier vor dem Leichnam
Des Gatten, den ich nie geliebt, erkenne
Ich schaudernd meines Lebens Schuld und Irrung.
(Leidenschaftlich.)
Ein Sehnen, wild und grauenhaft, durchloht
Die Seele mir und zieht mich hin zu ihm.
Dort, dort, siehst du, wo todesmuthig er
Die Fahne schwingt, dorthin will ich, zu ihm,
An seiner Seite leben oder sterben.
(Sie eilt dem Ausgange zu. Die Mutter hält sie zurück.)

Frau von Röden.
O meine Tochter! Welch' unsel'ger Wahn
Hat dich erfaßt?

Bertha.
Laß' mich!

(Hermann tritt ein, gefolgt von mehreren Männern, die Wallner auf einer Bahre hereintragen. Frau von Röden zieht sich ängstlich in den Hintergrund zurück und verfolgt bis zu Ende mit stummer Theilnahme die Vorgänge auf der Bühne.)

Hermann (zu den Trägern).
Hier setzt ihn nieder!
Behutsam, sachte!

Bertha (an der Bahre niederstürzend).
O mein Gott!

Fritz.
Freund Wilhelm!
Er lebt, ist nur verwundet!

Hermann.
Stille, stille!
Erregt ihn nicht!

Wallner (sich etwas aufrichtend).
Wo bin ich? Lieben Freunde,
Seid ihr bei mir?

Fritz.
Ja, alle deine Lieben!

Wallner.
Verlaßt mich nicht! Ich fühl's, es geht zu Ende.
In eu'rer Mitte laßt mich sterben! Ach!
Mir träumte einst so schön vom Leben, doch
Es bietet nichts von Allem, was wir träumen.
O welch' ein Trugspiel ist das Leben! An

Verheißungen so endlos reich, im Geben
So arm und kleinlich, doch im Fordern, ach,
Wie hart und grausam! Reicht die Hände mir!

Hermann (Wallner die Hand reichend).
Mein Freund, o fasse Muth! Sprich nicht vom Sterben!

Wallner (zu Hermann).
Du warst ein Herrscher auf des Lebens Wogen,
Mich zwang die Flut, ich sinke in den Grund.
(Zu Fritz.)
Leb' wohl, mein Fritz!

Fritz (Wallner's Hand ergreifend).
Mein guter, bester Freund!

Wallner (zu Fritz).
Du Glücklicher! Dein still zufried'nes Lächeln
Erhebt dich über das Geschick!
(Gegen Bertha gewendet.)
Auch du?

Bertha.
O grolle nicht! Ich weiß, ich bin nicht würdig
Die Engelreine, die das Grab nun deckt,
Und die dir theuer war, hier zu ersetzen.
Doch mußt du mich verklagen auch, verkennen
Sollst du micht nich! Sie litt und starb um dich,
Ich litt und leide noch und möchte sterben
Um dich.

Wallner (ihre Hand fassend).
Gesühnt ist Alles! Habe Dank!
Du bietest einem Sterbenden zu viel.
Nun will ich mit versöhnter Seele scheiden.
(Er legt sich ermattet zurück; seine Stimme wird allmälig schwächer und unsicherer.)

O Anna! Anna! Mein verlor'nes Glück!
Sorgt, daß man neben ihr mein Grab bereite.
Lebt wohl! Lebt Alle wohl! O steht mir bei!
Vor meinen Augen dunkelt's! Laßt mich schlafen,
Und träumen, träumen süß und ohne Ende.
(Mit letzter Kraftanstrengung.)
Seht ihr die stürmenden Kolonnen dort?
Die Fahne sinkt mir aus der Hand. O schützet
Die Fahne, kämpfet muthig, Freunde! Sieg!
(Er stirbt.)

(Die Anwesenden knieen an der Bahre nieder. In demselben Augen=
blicke stürzt bewaffnetes Volk herein mit lautem Siegesrufen. Ein
kräftiger Marsch ertönt von draußen.)

Der Vorhang fällt.

Von demselben Verfasser ist erschienen:

Eine versinkende Welt.

Dramatische Dichtung

von

Peter Philipp.

Wien 1877.
Verlag von L. Rosner, Tuchlauben Nr. 22.

Als Beleg für die beifällige Aufnahme, welche die vorbezeichnete Dichtung gefunden, führen wir im Nachstehenden einige Urtheile der Presse auszugsweise an:

„**Neue freie Presse**," Abendblatt vom 24. März 1877:

„In unserer Mitte ist plötzlich ein neues, großes dichterisches Talent erstanden. Das ist mit kurzen Worten unser Urtheil über das Werk Philipp's. Nur eine bedeutende Begabung durfte sich an einen solchen Stoff heranwagen, nur eine solche konnte ihn bewältigen. In dem Drama treten bloß Götter auf — die Götter unserer nordischen Vorfahren. Die Sagen der Edda sind mit großem Geschick zu einem Ganzen verschmolzen und die Handlung entspricht trotz des für die Gegenwart fremdartigen Stoffes allen dramatischen Anforderungen. In Liebe und Haß, in Glück und Unglück, sowie in ihrem Untergange muthen uns die Götter in Philipp's Darstellung rein menschlich an, und die Liebe Freya's zu Loke, die als bewegendes Motiv die Handlung durchzieht, ist nach den derben Andeutungen eines Edda-Liedes mit seinem poetischen Blicke in eine höhere Sphäre gerückt. Die Sprache unseres jungen Dichters zeichnet sich durch Adel und Schönheit aus. Philipp verschmäht alle abgegriffenen Scheidemünzen des poetischen Ausdruckes, er prägt selbst Geld und zwar vollwichtiges. Wenn er in der Vorrede sagt, ihn quäle die Sorge, ob sein Werk als Dichtung auf das Interesse gebildeter Leser Anspruch machen dürfe, so entspringt dieser Kummer allzu großer Bescheidenheit. In den literari=

schen Kreisen Wiens hat sein Buch einen vollständigen Erfolg errungen, und wir zweifeln nicht, daß es in ganz Deutschland Anerkennung und Beifall finden wird. Manchem Leser dürfte es auffallen, daß Loke stark an Goethe's Mephistopheles erinnert, und er möchte glauben, Philipp habe copirt. Dies ist nicht der Fall. Mephistopheles fußt ganz auf dem alten deutschen Sagenteufel, dessen Charakter den des bösen Gottes Loke widerspiegelt. Unser Dichter hat daher nicht nachgeahmt, sondern nur auf die alte Wurzel zurückgegriffen, und eigenartig und selbstständig wie in allen anderen Stücken, ist er auch darin."

„Die Presse," Morgenblatt vom 1. Februar 1877, sagt zu Beginn ihrer eingehenden Besprechung des Werkes:

„Es ist dies ein Drama, welches den nordischen Mythus vom Untergang der alten Götter im Weltenbrande behandelt — also jenen Mythus, der auch einen Theil von Richard Wagner's Nibelungen-Tetralogie bildet, mit welcher Philipp's Dichtung übrigens noch einige Ursprungsmomente — aber keineswegs musikalische oder dramatische, sondern vielmehr philosophische — gemeinsam zu haben scheint. Der Dichter erklärt in einem Vorwort, die Mythe sei ihm nicht Selbstzweck gewesen; er habe sie nur als Substrat gewählt, um rein Menschliches darzustellen, weil er in derselben die ihm hiefür geeignet erscheinenden Typen und Symbole menschlichen Thuns und Leidens, Fühlens und Denkens vorgefunden. Alle handelnden Personen des Dramas erscheinen zwar als Götter, eigentlich aber sind es Menschen über Lebensgröße, die mit ihrem Willen, ihrem Intellect und ihren Naturtrieben hoch über menschliches Maß hinausreichen; der Dichter hat sie auf die Götterhöhe gestellt, um ihre Leidenschaften und ihre Handlungen in der gewaltigsten und machtvollsten Entfaltung darstellen zu können und dabei ungestört von der Beschränkung historischer und cultureller Nebenumstände zu sein. Aber er ging noch weiter. Er wollte überhaupt die Tragödie des Menschen, des menschlichen Lebens schreiben — ein kühnes und gewagtes Unternehmen, das fast an das ideale Vorhaben des einen der drei „Bedeutenden" in Immermann's „Münchhausen" mahnt, der in verhegelter Absolutheit die „Tragödie an sich" dichten will. Für ein solches Werk gibt es nur zwei Eventualitäten: es wird entweder lächerlich oder — wirklich bedeutend. Und man muß gestehen, daß dem Dichter der „versinkenden Welt„ der große Wurf über die gefährliche Scheidelinie gelungen ist. Seine Dichtung zeichnet sich sowohl durch Gedankentiefe wie durch Formvollendung aus und darf unter den poetischen Erscheinungen der jüngsten Zeit vor anderen aufmerksame Beachtung und eingehende Würdigung in Anspruch nehmen."

Die „**Blätter für literarische Unterhaltung**" vom 14. März 1878 sagen zum Schlusse ihrer kritischen Besprechung:

„Im Spiegelbild seiner „versinkenden Welt" hat uns der Dichter den beginnenden Zersetzungsproceß unserer heutigen „besten" Welt gezeigt. Mag immerhin die Zulässigkeit der Uebertragung moderner Anschauungsweise auf einen Stoff uralter Nordlandssage fraglich erscheinen: der hohe sittliche Ernst der Philipp'schen Dichtung, ihre Gedankentiefe, der Adel, die Schönheit und der Schwung ihrer Sprache geben ihr jedenfalls Anrecht auf einen ehrenvollen Platz, wenn freilich auch nicht auf der Bühne, so doch in der poetischen Literatur."

Robert Hamerling sagt im „**Heimgarten**", Septemberheft 1877, unter Anderem:

„Man geht etwas zögernd an die Lectüre, fühlt sich aber bald gefesselt durch die Manifestation einer jugendlich frischen, kernigen, tief angelegten Dichternatur. Keine glattgefeilte Sprache, kein formell vollendeter Vers — aber dramatische Kraft, Unmittelbarkeit und Ursprünglichkeit bei großartiger, gedankenreicher Erfassung des Gegenstandes! Das Eigenthümliche und Frappante der Leistung aber ist: ein mythologischer, also allegorischer Stoff, mit der Greifbarkeit und Anschaulichkeit eines Theaterstückes herausgearbeitet. Die Gestalten der Mythe gewinnen Fleisch und Blut: man glaubt ein historisches Trauerspiel zu lesen."

Die englische Zeitschrift „**Athenaeum**", Decemberheft 1878, sagt gelegentlich der Vertheilung des Schillerpreises:

„Of those dramas, that did not receive a prize, Peter Philipp's „Eine versinkende Welt", a tragedy taken from Northern mythology deserves to be mentioned. This „vanishing world" is that of the Northern Edda, the divinties of which the poet regards as symbols of human doings and strivings. The choice of the subject was probably suggested by Richard Wagner's „Götterdämmerung", but in his treatment of it the poet seems to have had the allegorical form of „Faust" in his mind. Loke, the human hero, who has been admitted among the gods, is at the same time the Prometheus and the Mephistofeles of the Walhalla. He is the representative of scepticism and nihilism, and after his death and that of the whole Odin family, who fall through him, a new era begins, the „Morgenröthe", which the poet proclaims with enthusiastic anticipations of better days. Although the poem is more of a dramatized epos than an actual drama, — inasmuch as it lacks motive power, and the tragic fate of the gods is determined by fate at the outset — still it is distinguished by great moral earnestness, depth of thought and refinement and beauty of language."

Die „**Deutsche Zeitung**", Abendblatt vom 16. Februar 1878, sagt unter Anderem:

„Die „Versinkende Welt" ist eine interessante Erscheinung, die sich in erster Linie durch seltene Erhabenheit und Schönheit der Sprache, wie überhaupt durch meisterliche Handhabung der Formen auszeichnet und die durch Gedankentiefe, Einheit der Stimmung, Decorationskunst und eine gewisse, wir möchten sagen: philosophische Originalität des Geistes über das Gewöhnliche hervorragt."

Die literarische Zeitschrift „**Deutsche Monatsblätter**" vom Mai 1878 sagt am Schlusse eines längeren Aufsatzes über das Werk:

„Aus dem bisher Gesagten läßt sich allerdings nicht auf die plastische Darstellung, noch auf die dramatische Entwicklung der besprochenen Dichtung schließen. Es soll dies Zweck eines nächsten Aufsatzes sein, — diese Zeilen hatten nur die Absicht, den Geist des Werkes aufzufassen und darzuthun, — eines Werkes, das jedenfalls zu den „unsterblichen" der deutschen Literatur einst zählen wird, — aber vorläufig wie alle echten reclamelosen Dinge noch wenig gekannt ist und erst den langen Weg des eigenen Werthes durch die lange Kette von Seelen und Geistern machen muß, um dem Dichter wahrscheinlich an seinem Lebensende den Lohn des Ruhmes zu bringen. — Denn was nicht makartisch blendet, wagnerisch betäubt, ahasverisch glüht — wird von der Menge weder gewürdigt, noch erkannt; der große Strom hält sich nur bei dem Effecte auf."